Editorial

AF288869

Liebe Pferdefreunde,

ein verantwortungsvoller Pferdemensch sorgt für das Wohl seines Tieres. Doch wenn es ernst wird, zeigt sich, wer wirklich vorbereitet ist. In Notfällen zählt nicht nur Fürsorge, sondern auch systematisches Handeln. Ein aufgeregtes Pferd spürt die Unsicherheit des Menschen, was die Situation oft noch verschärft. Ein klarer Kopf ist daher genauso wichtig wie eine gut ausgestattete Stallapotheke. Bei Notfällen zählt jeder Moment, doch oft wird der Equidenpass erst in Panik gesucht, das Fieberthermometer ist defekt und das Verbandmaterial längst unbrauchbar. Solche Versäumnisse sind vermeidbar. Ein regelmäßig überprüfter Notfallplan gibt Sicherheit und hilft sowohl dem Pferd als auch dem Menschen. Dazu gehört es, wichtige Telefonnummern griffbereit zu haben, lebenswichtige Parameter wie Puls, Atmung und Temperatur zu kennen und grundlegende Erste-Hilfe-Maßnahmen sicher anzuwenden. Doch Perfektion ist nicht nötig, sondern Bewusstsein. Niemand muss Tierarzt sein, aber er sollte in der Lage sein, in kritischen Situationen Ruhe zu bewahren und effizient zu handeln. Wer vorbereitet ist, kann seinem Pferd nicht nur Stress ersparen, sondern rettet ihm im Ernstfall vielleicht sogar das Leben.

In dieser Ausgabe drehen sich einige Artikel um genau dieses Thema. Doch zuerst beschreibt Dr. Birgit van Damsen, wie das Abbrausen den Pferden im Sommer Erleichterung verschafft und eine natürliche Pflege sinnvoll ergänzt. Dr. Christine Fuchs geht auf Schlafstörungen bei Pferden ein, wobei sie besonders den Unterschied zwischen REM-Schlafmangel und Narkolepsie erklärt. Das Reiten mit der Alexander-Technik und deren Mehrwert auch im Alltag zeigt Sarah Rob mit anschaulichen Beispielen. Nikola Fersing taucht tief ins Pferdeparadies Sommerweide ein und zeigt dabei die Herausforderungen artgerechter Haltung im Rahmen regionaler Bestimmungen. Weshalb gerade stillstehen so schwierig für Pferde ist, erläutert Karen Golz und geht dabei auf verschiedene Situationen ein. Martin Haller beschreibt im Feine-HILFEN-Teil die altkalifornische

Reitweise „Californio" und geht dabei in der Geschichte zurück bis zu deren Anfängen. Über die Sicherheit im Pferdealltag und wie man Verletzungsrisiken erkennen und minimieren kann, schreibt Lisa Kittler.

Der Schwerpunkt dieser Ausgabe gilt der Ersten Hilfe und Wundversorgung. Anke Rüsbüldt beschreibt, wie man in Notsituationen beim Pferd Erste Hilfe leistet und wie man die Stallapotheke optimal ausstattet. Moderne Wundversorgung erklärt Susan Bär mit zahlreichen Beispielen. Kirsten Fleiser geht auf die Akupunktmassage nach Penzel (APM) als energetische Erste-Hilfe-Maßnahme ein. Dass oft als Unkraut abgestempelte Pflanzen heilende Wirkung haben und wie sie bei Beschwerden nach der TCM-Kräuterheilkunde eingesetzt werden können, wird von Stephanie Reineke behandelt. Den Anfang dieser neuen Artikelreihe macht der allen bekannte Löwenzahn.

Pferde in domestizierter Haltung sind auf den Menschen angewiesen. Sie haben nicht die Wahl, ihre natürlichen Instinkte in vollem Umfang auszuleben. Umso mehr tragen wir die Verantwortung für ihre Unversehrtheit, müssen ihre Bedürfnisse verstehen und in kritischen Augenblicken korrekt reagieren. Mit dem richtigen Wissen und einer gut durchdachten Vorbereitung können wir ihnen die Sicherheit geben, wenn sie sie am meisten brauchen.

Hinweis: Wir sind uns unserer Vorbildfunktion bewusst und wählen daher die Themen sowie deren Autoren und Bilder achtsam aus. Im Artikel „Reiten mit der Alexander-Technik" wird eine Reiterin jedoch ohne Helm auf dem Pferd sitzend abgebildet, da es in dieser speziellen Situation zur Veranschaulichung nicht anders möglich ist.

In tiefer Verbundenheit mit Pferd und Mensch,

Eure Linda Held

Inhalt

04 Sommerdusche fürs Pferd

Foto: Dr. Birgit van Damser

Feine HILFEN

16 Reiten mit der Alexander-Technik

Foto: Lisa Doß

50 Erste Hilfe beim Pferd

Foto: Christiane Slawik

74 Heimische Kräuter

Foto: Stephanie Reineke

Sommerdusche fürs Pferd
Gesunde Abkühlung und sinnvolle Pflege

von Dr. Birgit van Damsen

Foto: Dr. Birgit van Damsen

Ein schöner Sommer wärmt Körper und Geist und die sonnige Zeit erfüllt die Seele mit Freude, nicht nur beim Menschen. Unsere Pferde haben im Gegensatz zu Wildpferden aber nicht die Möglichkeit, sich in natürlichen Gewässern abzukühlen. An heißen und insektenreichen Tagen liegt es nahe, dem Pferd mit einer Ganzkörperdusche Abkühlung zu verschaffen sowie Schweiß oder hartnäckigen Schmutz herauszuwaschen. Doch so simpel es auch klingen mag, man kann dabei eine ganze Menge falsch machen und dem Pferd mehr schaden als Erleichterung bringen. Worauf kommt es beim Abduschen an, welche Pflege hält Haut und Haarkleid gesund und welche Vorgehensweise ist richtig, damit das Pferd diese Art der Zuwendung genießen kann?

Etwa 40 Millionen Haare sprießen aus der Oberhaut eines mittelgroßen Pferdes. Haut und Haare bilden anatomisch und funktional eine Einheit und sind untrennbar miteinander verbunden. Das Fell wird als Anhangsgebilde der Haut bezeichnet, des flächenmäßig größten Organs des Pferdes. Je nachdem, ob es sich um ein Pony oder Kaltblut handelt, beträgt es rund fünf bis zehn Quadratmeter. Angesichts dieser beträchtlichen Größe und Ausdehnung über die gesamte Körperoberfläche ist es nicht verwunderlich, dass der Zustand des Fells eine hohe Aussagekraft hat und Auskunft über den Gesundheitszustand eines Pferdes gibt. „Das Fell ist ein wichtiger Indikator für das Wohlbefinden. Bei einem jungen Pferd sollte das Fell jetzt im Sommer immer kurz, glatt und anliegend sein. Wenn nicht, kann das ein Hinweis sein, dass etwas nicht stimmt", sagt der Fachtierarzt für Pferde, Dr. Michael Dahlkamp. Als mögliche Ursachen für sichtbare Fellprobleme nennt der Veterinär vor allem Nährstoff-Imbalancen, aber auch akute oder chronische Erkrankungen, die mit Fieber, Schmerzen und einer Immunsupression einhergehen, sowie starke Verwurmung und Dauerstress, der ebenfalls das

Immunsystem schwächt. Bei der visuellen Beurteilung des Fells müssen aber auch Alter und Rasse berücksichtigt werden. „Bei einem älteren Pferd darf das Sommerfell schon mal länger sein, auch wenn es ansonsten gesund ist", meint Dr. Dahlkamp. Die sogenannten Nordpferderassen aus Kaltklimazonen wie Shettys, Isländer oder Norweger haben genetisch bedingt selbst in der warmen Jahreszeit ein etwas längeres Fell als Warm- oder Vollblüter.

Klares Wasser reicht meist aus

„Grundsätzlich besitzt das Fell eine eigene natürliche Erhaltungs- und Reinigungsfunktion, die nicht durch unüberlegte oder übertriebene Pflegemaßnahmen aus dem Gleichgewicht gebracht werden sollte", warnt Dr. Dahlkamp. Das Fell bewahrt den Körper, zusammen mit der Haut, vor schädlichen Einflüssen von außen wie Hitze und Kälte, Nässe und Krankheitserregern. So bewirkt beispielsweise der beim Putzen gut erkennbare sogenannte Fettstaub (eine Mischung aus abgestorbenen Hautpartikeln und Talg) das Abperlen von Niederschlägen und vermeidet ein vollständiges Durchnässen. Millionen von wohlgesinnten Mikroorganismen auf der Hautoberfläche und das leicht saure Hautmilieu unterstützen die natürliche Flora und unterdrücken die Besiedlung und Ausbreitung von Schadkeimen. Die Schweißsekretion sorgt dafür, dass das Pferd nicht überhitzt, und die Haarbalgmuskeln ermöglichen das Aufstellen des Fells, wodurch sich im Winter ein wärmeisolierendes Luftpolster bildet. Durch stetiges Erneuern und Absondern von Hautzellen, Haaren, Talg und Schweiß entsteht ein natürlicher Selbstreinigungsprozess, der durch Eigenpflege beschleunigt wird.

Durch regelmäßiges Putzen und Duschen wird die Solitärpflege sinnvoll ergänzt. Denn schweiß- und schmutzverklebtes Fell verstopft nicht nur die Hautporen, sondern wird auch häufiger von Ektoparasiten wie Milben oder Haarlingen befallen. „Intensives mechanisches Reinigen ist förderlich für die Fellgesundheit und hilft, einem Milbenbefall vorzubeugen", erklärt Dr. Dahlkamp. „Dazu gehört auch, mit der Wurzelbürste kräftig an den Beinen entlangzufahren." Da Schweiß außerdem Stechinsekten anzieht, sollte das Pferd jetzt im Sommer abgeduscht werden – allerdings nicht zu oft und nur mit klarem Wasser. Denn Shampoos oder Seifen sind zur Entfernung von eingetrocknetem Schweiß nicht erforderlich. „Vor allem

Beim Wälzen werden lockere Hautpartikel und Haare gelöst und durch anschließendes Schütteln aus dem Fell geschleudert. *Foto: Dr. Birgit van Damsen*

Eine Brause mit feinem Sprühnebel ist besser geeignet als ein harter Wasserstrahl, der punktuell Druck ausübt. *Foto: Dr. Birgit van Damsen*

durch häufiges Waschen wird zu viel Talg aus dem Fell entfernt und die gesunde Hautflora nachhaltig gestört", gibt er zu bedenken. Außerdem sorge ein gewisser Fettgehalt für natürlichen Fellglanz. Das Langhaar darf und sollte dagegen regelmäßig mit geeigneten Pflegemitteln gereinigt werden. Besonders wichtig sei das tägliche Waschen von Mähnenkamm und Schweifrübe bei Ekzemerpferden. „Durch anschließendes Auftragen von schmutzabweisenden Schweif- und Mähnensprays werden weniger Insekten angezogen und Juckreiz vorgebeugt", berichtet der Tierarzt, der zahlreiche Pferde mit Sommerekzem zu seinen Patienten zählt. „Allerdings reicht diese Maßnahme als alleinige Prophylaxe meist nicht aus."

Sinnvoll und effektiv kühlen

Vor allem an schwülheißen Tagen sind die Pferde schon nach wenigen Minuten Bewegung verschwitzt. Nur etwa 20 Prozent der in der Muskulatur erzeugten Energie werden für die Bewegung genutzt, während die restlichen 80 Prozent als Wärme freigesetzt und durch Schwitzen abgegeben werden. Frischer Schweiß erzeugt also Feuchtigkeit, die das Pferd kühlt, um eine Überhitzung zu verhindern. Ein ähnlicher

Effekt wie diese sogenannte Verdunstungskälte entsteht beim Abspritzen oder Abwaschen mit kühlem Wasser.

Beim Pferd unterscheidet man zwischen statischen und effektiven Kühlzonen. Letztere liegen dort, wo viele kleine Blutgefäße dicht an der Körperoberfläche verlaufen: Nacken, Schulter, Oberarm, Flanke, Oberschenkel und entlang des großen Rückenmuskels links und rechts der Wirbelsäule bis zur Kruppe. Durch die Kühlung dieser Körperpartien lassen sich Puls und Temperatur schnell absenken. Allerdings darf das Kühlwasser anfangs nicht zu kalt sein (höchstens 15 Grad unter der Körpertemperatur), da der Puls sonst infolge eines Kälteschocks steigt anstatt sinkt. Vor allem der lange Rückenmuskel darf nur langsam heruntergekühlt werden. Sonst drohen Muskelverspannungen, weil sich die Blutgefäße zu schnell zusammenziehen. Tierärzte empfehlen, den Bereich zunächst mit wohltemperiertem Wasser abzuschwammen und später kurz kalt abzuduschen. Grundsätzlich sollte man sich bei der Ganzkörperdusche immer von unten nach oben, also vom Huf zum Herzen hin vorarbeiten. Ganz gleich, wie man es macht, getrockneter Schweiß muss auf jeden Fall aus dem Fell. Denn er lockt nicht nur Stechinsekten an, sondern beeinträchtigt auch die Wärmeregulation, indem er das Fell verklebt. Schweiß kann zu Juckreiz führen, insbesondere zwischen den Hinterbeinen, weshalb auch hier der Schweiß akribisch entfernt werden sollte. Anschließend das Spritzwasser mit dem Schweißmesser abziehen, bevor es sich erwärmt. Dass man mit kaltem Wasser die Nieren schädigen kann, ist jedoch eine Mär. Denn die liegen tief eingebettet und gut geschützt im Körperinneren. Im Unterschied zum Muskelgewebe verträgt Sehnengewebe gleich kaltes Wasser, weil hier verhältnismäßig wenige Blutgefäße verlaufen. Durch den kurzen Kältereiz wird der Stoffwechsel angeregt und die Regeneration der Pferdebeine gefördert.

Tipp: Wer das Pferd lieber abschwammt, kann einen Schuss Essig ins Eimerwasser geben, der das natürliche, leicht saure Hautmilieu unterstützt und zudem lästige Blutsauger abwehrt. Aber Vorsicht: Befindet sich in Stallnähe ein Wespennest, sollte man besser auf Essig verzichten, weil sein Geruch als Wespenmagnet gilt.

Geeignete Pflegemittel

Zum Waschen gehören hochwertige Pflegeprodukte, deren Inhaltsstoffe den natürlichen Schutzfunktionen von Haut und Fell nicht zuwiderlaufen dürfen, sondern sinnvoll unterstützen sollten.

Bereits seit etwa 100 Jahren weiß man, dass die Haut bei allen behaarten Lebewesen leicht sauer ist und die Hautoberfläche von einem „Säureschutzmantel" bedeckt ist. Er wird durch körpereigene Substanzen in Schweiß, Talg und Hornzellen gebildet und schützt vor Austrocknung und schädlichen Mikroorganismen. Der pH-Wert der Haut liegt beim Menschen durchschnittlich bei 5,5, beim Pferd zwischen 4,8 und 6,8. Im Unterschied zu Menschenschweiß ist Pferdeschweiß allerdings leicht alkalisch, weshalb er zum Schäumen neigt. Der pH-Wert sollte nicht durch zu häufiges Waschen oder ungeeignete Pflegemittel (z. B. basische Seifenlauge mit einem pH-Wert von 8 bis 12) aus seinem natürlichen Gleichgewicht gebracht werden. Denn ist der Säureschutzmantel geschädigt, wird die Haut angreifbar für Keime, Pilze und Ektoparasiten. Für das Waschen des Langhaars und/oder die gelegentliche Ganzkörperwäsche braucht es also Shampoos oder Seifen, die auf den pH-Wert der Pferdehaut abgestimmt sein sollten. Der Fachmarkt bietet hierfür etliche hautverträgliche Produkte an, teils mit rückfettenden Wirkstoffen.

Generell und insbesondere bei Pferden mit empfindlicher Haut sollte man auf natürliche Inhaltsstoffe ohne Paraffine und Silikone sowie synthetische Duft-, Farb- und Konservierungsstoffe achten, die austrocknend wirken oder sogar Kontaktallergien auslösen können. Aber auch auf einige Naturprodukte wie Niem- oder Teebaumöl, die oft in Produkten für Hautprobleme stecken, können Pferde allergisch reagieren. Bevor man also das ganze Pferd behandelt, sollte man

die Hautverträglichkeit zunächst an einer Körperstelle testen. Alternative Wirkstoffe natürlichen Ursprungs sind zum Beispiel Silberionen oder Lebermoos.

Während zum Entfernen von Schweiß klares Wasser völlig ausreicht, verschwinden hartnäckiger Schmutz, Mist- oder Urinflecken meist nicht so einfach aus dem Fell. Foto: Dr. Birgit van Damsen

Auch effektive Mikroorganismen (= positiv dominante Mikroben) können zur Behandlung von Wunden und Hautproblemen durch Aufsprühen oder Einreiben eingesetzt werden. Sie unterstützen das körpereigene Hautmikrobiom und sorgen für ein positives Hautmilieu, das schädigenden Keimen und Pilzen den Nährboden entzieht. Dadurch heilen oberflächliche Wunden besser, Hautzellen werden schneller erneuert.

Tipps für fülliges Lang- und Kötenhaar

Dünne Mähnen und Schweife erhalten durch Bier mehr Volumen. Hierzu eine Flasche von dem Gerstensaft in einem Topf auf dem Herd leicht anwärmen, Mähne und Schweif mit Wasser ausspülen und die Hälfte des Biers portionsweise in Mähnenkamm und Schweifrübe einmassieren. 15 Minuten einwirken lassen und ausspülen. Dann die zweite Hälfte einmassieren und trocknen lassen.

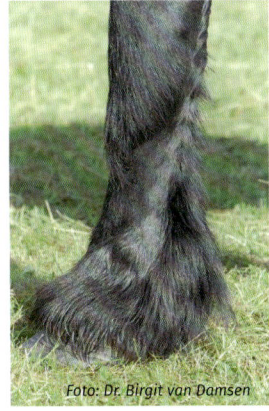

Ein dichter Kötenbehang ist das Markenzeichen von Rassen wie Friese, Tinker und Shire Horse. Wer nach dem Waschen das vorgetrocknete Kötenhaar mit frischen Sägespänen abreibt, fördert den Trocknungsprozess und lässt das Fesselhaar nach dem Ausbürsten herrlich locker fliegen.

Foto: Dr. Birgit van Damsen

Paraffine, Silikone, Parabene und ihre Folgen

In konventionellen Pferdepflegemitteln können Inhaltsstoffe auf Erdölbasis, wie preisgünstige und leicht zu verarbeitende Mineralöle oder Silikone, enthalten sein. Für **Mineralöle wie Paraffine** wird das Erdöl so lange gefiltert, bis nur noch bestimmte Kohlenwasserstoffe darin enthalten sind und ein durchsichtiges Öl entsteht, das in der Regel gut hautverträglich ist. Das Problem: Mineralöle dichten die Hautoberfläche so ab, dass die Haut unter der hautfremden Schicht nicht mehr richtig atmen und mit wichtigen Nährstoffen versorgt werden kann. Zudem vermehren sich schädliche Keime unter der Mineralölschicht besonders gut, weil sie nicht mehr regulär ausgeschieden werden können. Langfristig können so Hautprobleme entstehen.

Silikone bilden nach der Anwendung sofort einen dünnen Film um Fell- und Langhaar, der die Haarstruktur glättet und für Glanz sorgt. Allerdings gehen diese Soforteffekte auf Kosten der langfristigen Wirkung. Denn die Haare werden so gut gegen Umwelteinflüsse versiegelt, dass nicht mal mehr Feuchtigkeit oder Luft ins Haarinnere dringen können. Das trocknet die Haare auf Dauer aus und macht sie stumpf und spröde. Deshalb verzichten verschiedene Hersteller bei ihren Produkten inzwischen auf Mineralöle und Silikone.

Andere Pflegemittel sind zusätzlich frei von **Parabenen.** Das sind künstliche Konservierungsstoffe, die die Haltbarkeit verlängern sollen. Das Problem: Parabene sind dem weiblichen Sexualhormon Östrogen sehr ähnlich und stehen im Verdacht, den Hormonhaushalt durcheinanderzubringen. Zudem findet man immer weniger synthetische Farb- und Duftstoffe in den Pflegemitteln, da sie ihr allergisierendes Potenzial entfalten und Hautreizungen hervorrufen können.

Viele Pferdeshampoos und Pferdeseifen enthalten schonend pflegende Wirkstoffe auf natürlicher Basis wie Lecithin, Arginin (essenzieller Haarnährstoff), Panthenol (Provitamin B5), Bienenhonig, rückfettende Pflanzenöle und Naturdüfte etwa von Kräutern. Brokkolisamenöl verbessert als natürlicher Silikonersatz die Kämmbarkeit des Langhaars und Seidenproteine sorgen für lang anhaltenden Glanz ganz ohne Chemie. Speziell für Pferde mit extrem trockener oder angegriffener Haut sind Waschlotionen mit naturreiner Molke ohne chemische Zusätze erhältlich. Molke ist ein uraltes wiederentdecktes Pflegemittel mit leicht säuerlichen Eigenschaften, unterstützt und regeneriert den Säureschutzmantel der Haut auf natürliche Weise und spendet Feuchtigkeit. Teils mit hautberuhigenden Kräutern und Ölen angereichert (Molke ist ein natürlicher Emulgator, der Wasser und Fett verbindet) werden diese Produkte in Wasser eingerührt, mit einem

Schwamm aufgetragen und im Unterschied zu herkömmlichen Shampoos und Seifen nicht wieder ausgewaschen.

Schonend und gründlich waschen

Unabhängig von Länge und Dichte sollten Schweif und Mähne sowie üppige Kötenhaare von Zeit zu Zeit gründlich gereinigt werden. Denn mit Dreck und Kot verklebtes Langhaar sieht nicht nur unschön aus, sondern zieht auch Insekten und andere Parasiten wie Milben an. Während man das Langhaar zu jeder Jahreszeit mit handwarmem Wasser waschen kann, ist das beim Fell nur ab einer Außentemperatur von 20 Grad anzuraten. Zum Waschen werden Fell und/oder Langhaar vor dem Shampoonieren oder Einseifen bis zur Haut vorzugsweise mit handwarmem

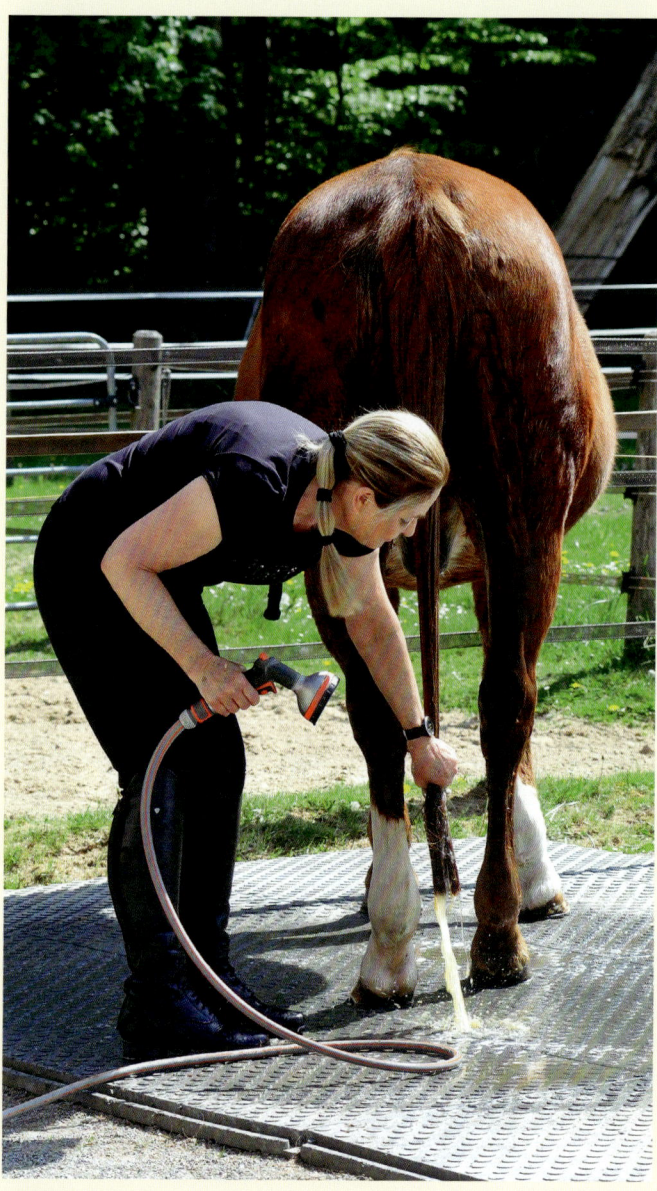

Das Wasser mit geschlossener Hand von oben nach unten aus dem Langhaar ziehen und mit einem Handtuch ausdrücken.

Wasser durchnässt. Das kann man mit Schwamm und Eimer tun oder mit dem Wasserschlauch und wenig Wasserdruck.

Wichtig: Den Mähnenschopf hinter die Ohren legen, damit kein Wasser oder Schaum in die Augen und Ohren dringen können! Das Pflegemittel sorgsam ins Fell einmassieren bzw. ins Langhaar einkneten. Nach kurzer Einwirkzeit den Schaum mehrmals gründlich ausspülen. Das Fell sollte unmittelbar nach dem Abbrausen mit einem Schweißmesser gründlich abgezogen werden. Da hinunterlaufende Wassertropfen unangenehm kitzeln können, sollten Beine, Unterbauch und Innenschenkel trocken gerieben werden. Zum Schluss das Pferd an einem sonnigen und windstillen Ort vollständig trocknen lassen und anschließend mit einer Kardätsche bzw. Schweifbürste aufbürsten.

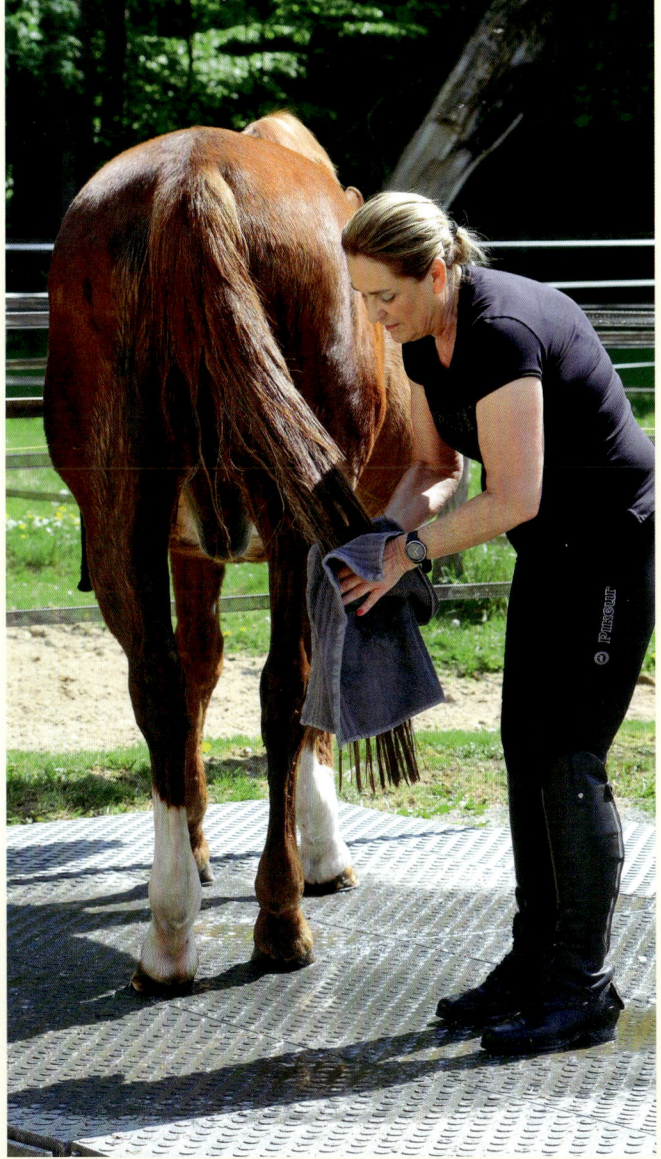

Fotos: Dr. Birgit van Damsen

Der sensible Kopfbereich ist für Waschen und Abspritzen allerdings tabu. Stattdessen wird der Kopf mit einem feuchten Schwamm gereinigt.
Foto: Dr. Birgit van Damsen

Dr. Birgit van Damsen studierte Pädagogik mit anschließender Promotion über ökologische Erwachsenenbildung. Umweltschutz und der respektvolle Umgang mit Tieren liegen ihr besonders am Herzen. Seit mehr als 30 Jahren hält sie Pferde im Offenstall mit angrenzendem Weideland und reitet regelmäßig ins Gelände. Sie ist als Autorin und Fotojournalistin tätig und hat schon zahlreiche Bücher zu den Themenbereichen artgerechte Pferdehaltung und -fütterung, Stallbau und Weidemanagement, Gesundheit und Pflege sowie Freizeitreiten veröffentlicht.

Schlafstörungen beim Pferd

REM-Schlafmangel versus Narkolepsie

von Dr. Christine Fuchs

Das Schlafverhalten von Pferden wurde in der Vergangenheit nur sehr stiefmütterlich behandelt. Dass Pferde genauso wie Menschen gut schlafen müssen, um fit zu sein und entsprechende Leistungen zu erbringen, liegt nahe. Welche Pferdebesitzer, Reiter oder Züchter haben sich jedoch schon einmal Gedanken über das Schlafverhalten ihrer Pferde gemacht? So achtet man bei der Wahl eines neuen Stalls in der Regel auf frische Luft, Helligkeit, Auslauf- und Reitmöglichkeiten. Die Schlaf- und Ruhemöglichkeiten werden dabei oft vernachlässigt.

Foto: Christiane Slaw

Tiere benötigen unterschiedlich langen Schlaf. Generell kann man sagen: Je größer ein Tier ist, umso weniger schläft es. Fluchttiere wiederum schlafen weniger als Raubtiere. Doch trotz aller schlafmedizinischen Fortschritte ist bis heute noch nicht komplett geklärt, welche Funktionen der Schlaf hat. Schlaf ist definitiv lebensnotwendig und während des Schlafens regenerieren und erholen sich sowohl Körper als auch Geist. Bei zu wenig Schlaf oder bei Schlafstörungen kommt es zu Müdigkeit, Leistungseinbrüchen, Konzentrationsschwierigkeiten, das Immunsystem ist beeinträchtigt und die Erinnerungsfähigkeit leidet. Man weiß jedoch: Schlaf ist nicht gleich Schlaf. Sowohl beim Menschen als auch bei Tieren gibt es verschiedene Schlafstadien, mittels derer die Schlaftiefe und die Schlafqualität bestimmt werden können. Um nach dem Aufwachen gut erholt zu sein, müssen alle Schlafstadien mehrfach durchlaufen werden in sogenannten Schlafzyklen. Wie lange man in welchem Schlafstadium verweilt, ist sowohl abhängig von der Tierart als auch von den individuellen Lebensumständen.

Schlaflaboruntersuchungen (Polysomnographie)

Um genauere Aussagen über das Schlafverhalten von Menschen zu machen, werden Untersuchungen in einem Schlaflabor durchgeführt. Diese Untersuchungen dienen vor allem der Diagnostik von Schlafstörungen. Lange Zeit musste man wegen der aufwendigen Gerätschaften für diese Untersuchungen in ein Labor gehen und dort schlafen. Inzwischen können diese Untersuchungen dank kleiner handlicher Geräte auch mobil, das heißt zu Hause im eigenen Bett, durchgeführt werden. Dank mobiler Technik können jetzt die Schlafstadien bei Pferden in Schlaflaboruntersuchungen bestimmt werden. In der Regel geschieht dies in einer Pferdeklinik über Nacht in einer ruhigen Box. Das Gerät bietet wegen seiner Mobilität aber auch die Möglichkeit, unter entsprechenden Bedingungen die Untersuchungen im heimatlichen Stall durchzuführen. Mittels der Elektroden, die am Kopf des Pferdes aufgeklebt werden, können die Gehirnströme (Elektroenzephalogramm, EEG), die Augenbewegungen (Elektrookulogramm, EOG) und der Muskeltonus (Elektromyogramm, EMG) gemessen werden. Dank dieser Parameter lassen sich die Schlafstadien identifizieren, die das Pferd durchläuft. Um die entsprechenden Elektroden befestigen zu können, werden bestimmte Stellen am Kopf des zu untersuchenden Pferdes geschoren und dann mithilfe von Elektrodencreme und Pflastern aufgeklebt. Parallel dazu läuft ein Langzeit-EKG, um die Herzfunktion im Auge zu behalten. Das Verhalten des Pferdes wird während der Messung über eine Infrarotkamera aufgenommen. Aufgrund der Größe und des geringen Gewichts des Geräts sind auch Messungen bei neugeborenen Fohlen und kleinen Ponys möglich.

Die Elektroden werden dann in den sogenannten Polysomnographen, ein Gerät von der Größe eines großen Smartphones, eingesteckt und am Hals des Pferdes mit einem Gurt befestigt. Um ein Verrutschen der Elektroden zu verhindern, wird ein sogenannter Sleezy übergezogen. Während der Messungen werden die Daten von dem Polysomnographen per Bluetooth an einen Laptop gesendet und können dann am nächsten Tag mithilfe einer speziellen Software ausgewertet werden.

Bei Pferden mit unerklärlichem Leistungsabfall, bei neu aufgetretenen Verhaltensstörungen oder bei Verhaltensänderungen kann die Analyse des Schlafverhaltens wertvolle Hinweise auf die Ursache geben und Schlafstörungen können diagnostiziert werden. Die Untersuchung empfiehlt sich auch bei neurologischen Erkrankungen, Krampfanfällen und Anfallserkrankungen, da mit dem Polysomnographen nicht nur die Schlafstadien in der Nacht, sondern auch die Gehirnfunktionen im wachen Zustand aufgezeichnet werden können. Diese Messungen können dank der Mobilität auch außerhalb der Box und in bestimmten anfallsauslösenden Situationen durchgeführt werden.

Der physiologische Pferdeschlaf

Im Vergleich zu den meisten anderen Haustieren und zum Menschen schlafen Pferde sehr wenig, in Boxenhaltung nur etwa 3,5 Stunden pro Nacht. Stallpferde verbringen mehr Zeit im Liegen als Pferde in der Offenstallhaltung oder frei lebende Wildpferde. Allgemein kann man sagen, dass der Zeitpunkt, die Dauer und die Art der Ruheperioden durch die Haltung stark beeinflusst werden. Pferde haben einen polyphasischen oder mehrphasigen Schlaf, das heißt, der gesamte Schlaf ist auf mehrere Schlafphasen über die Nacht und je nach Gegebenheiten auch über den Tag verteilt. Dieses Schlafverhalten ist Fluchttieren angeboren und dient dazu, Zeiten, in denen keine Gefahr droht, zum Schlafen zu nutzen.

Der Schlaf kann mithilfe der Aufzeichnungen des Schlaflabors in die Schlafstadien *Leichtschlaf, Tiefschlaf* und *REM-Schlaf* unterteilt werden. Der REM-Schlaf hat seinen Namen von den schnellen Augenbewegungen (rapid eye movements), die während dieses Schlafstadiums vorkommen. Er wird auch Traumschlaf genannt, da hier am meisten und am lebhaftesten geträumt wird. Im REM-Schlaf ist die Skelettmuskulatur komplett

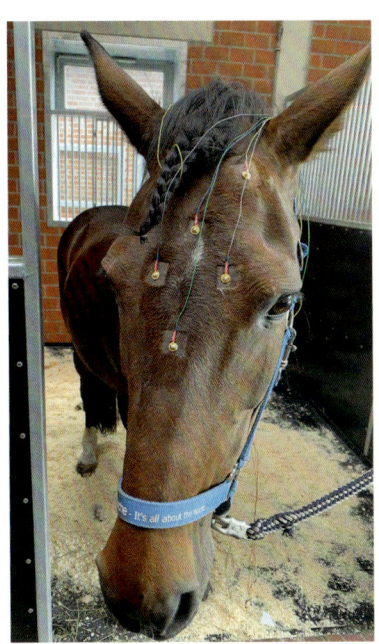

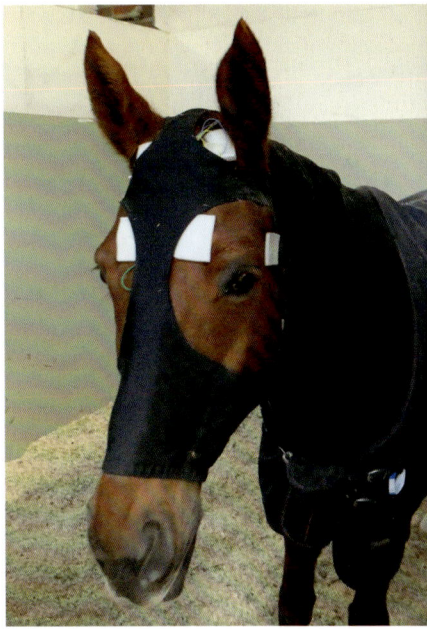

Pferd mit befestigten Elektroden.

Pferd mit befestigten Elektroden und übergezogenem Sleezy.
Fotos: Dr. Christine Fuchs

Ein Pferd schläft natürlicherweise an Orten mit möglichst guter Übersicht. In der Herde legen sich niemals alle Pferde gleichzeitig ab, sondern einige stehen jederzeit reaktionsbereit in der Nähe der liegenden Herdenmitglieder. *Foto: Dr. Christine Fuchs*

entspannt, sodass dieses Schlafstadium nur im Liegen vorkommen kann. Dies kann eine Brust-Bauch-Lage mit aufgestütztem Kopf oder eine komplette Seitenlage sein. Leichtschlaf und Tiefschlaf hingegen können Pferde sowohl im Liegen als auch im Stehen haben. Wegen der sogenannten Spannsägenkonstruktion können Pferde jeweils eine Hintergliedmaße im Stehen so fixieren, dass nur wenig Muskelkraft zum Stehen benötigt wird. Pferde in Boxenhaltung verbringen etwa 20 Prozent ihrer Gesamtschlafzeit im Leichtschlaf, 65 Prozent im Tiefschlaf und nur 15 Prozent im REM-Schlaf. Da den einzelnen Schlafstadien unterschiedliche Funktionen zugesagt werden, ist für die Erholung und Regeneration das Durchlaufen aller Schlafstadien notwendig, weswegen sich ein Pferd in der Nacht zum Schlafen hinlegen muss. Insgesamt wird über die Hälfte der gesamten nächtlichen Schlafzeit im Liegen verbracht, meist in zwei bis vier kürzere Liegephasen aufgeteilt.

Ausreichend Schlaf dient der mentalen und körperlichen Erholung, und nur ein Pferd, das ausgeruht und gesund ist, kann optimale sportliche oder züchterische Leistungen erbringen. Als Herden- und Fluchttier legt sich ein Pferd nur in einer vertrauten Umgebung ab, die sein Sicherheitsbedürfnis befriedigt. Dies sind in der Natur Flächen mit guter Übersicht über die Umgebung. Außerdem werden trockene und weiche Böden als Untergrund zum Liegen präferiert.

Schlafstörungen

REM-Schlafmangel

Eine besonders häufig bei erwachsenen Pferden vorkommende Erkrankung ist der REM-Schlafmangel oder Mangel an Schlaf im Liegen. Ein Pferd, das darunter leidet, wird oft aufgrund von unerklärlichen Verletzungen, ständiger Müdigkeit, Leistungsabfall oder auch besonders hysterischem Verhalten vorgestellt. Häufig berichten Pferdebesitzer von Kollapsen, die im Ruheverhalten beobachtet wurden.

Beim REM-Schlafmangel handelt es sich um eine Verhaltensstörung. Das betroffene Pferd legt sich zum Schlafen nicht ab, wodurch es zu einem Mangel an REM-Schlaf kommt, welcher nur im Liegen vorkommt. Legt sich ein Pferd wegen einer Krankheit oder nach einem Stallwechsel einige Nächte nicht zum Schlafen hin, stellt dies kein besonderes

Der REM-Schlaf findet nur im Liegen statt. Dies kann in Seitenlage oder in Brust-Bauch-Lage mit aufgestütztem Kopf sein. *Foto: Dr. Christine Fuchs*

REM-Kollaps bei einem Pferd in der Ansicht im Schlaflabor mit synchron laufender Infrarotkamera. *Foto: Dr. Christine Fuchs*

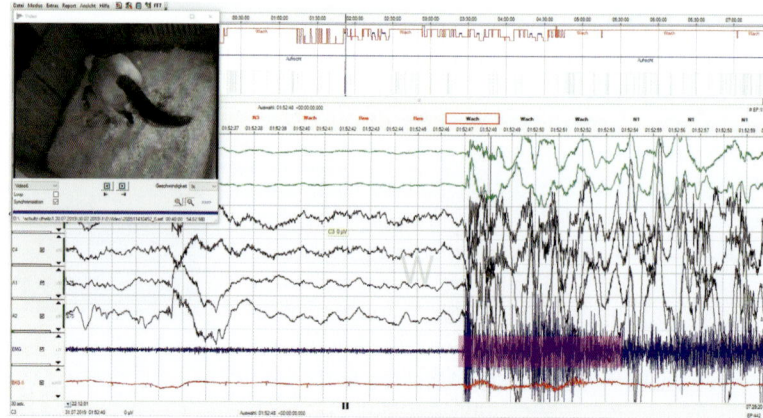

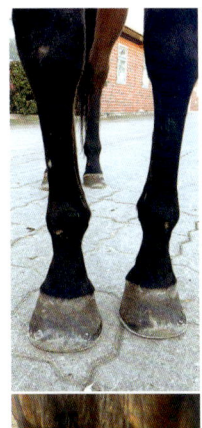

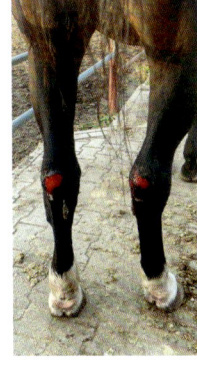

Typische Narben und Verletzungen, die durch wiederholte Kollapse bei REM-Schlafmangel entstehen können. *Fotos: Dr. Christine Fuchs*

Problem dar. Dauert diese Situation jedoch länger an (zehn Tage oder mehr), kommt es zu einem Mangel an REM-Schlaf und das Pferd zeigt kurze Episoden von REM-Schlaf im Stehen. Hierbei kommt es durch den Verlust des Muskeltonus in diesem Schlafstadium zum Schwanken, Einknicken, Fallen auf die Karpal- oder Fesselgelenke und mit der Zeit sogar zu einem kompletten Zusammenbrechen. Diese Kollapse treten nur in Ruhephasen und anfangs meist nur nachts auf, weshalb das Leiden leider oft nicht erkannt wird oder erst, nachdem das Pferd schon längere Zeit unter dem REM-Schlafmangel leidet. Betroffene Pferde können täglich über 100 solcher Episoden haben. Diese Tiere leiden sehr unter dem Schlafmangel und zeigen als Folge oft Wesensveränderungen und teilweise schwerwiegende Verletzungen, die bis hin zu Frakturen an Gliedmaßen und Kopf reichen können. Besonders typisch sind wiederkehrende Verletzungen, Schwellungen und Narben an den Karpalgelenken oder an den Fesselköpfen. Teilweise werden diese Auffälligkeiten auch erst bei tierärztlichen Untersuchungen aufgrund anderer Probleme oder sogar bei Ankaufsuntersuchungen festgestellt.

Im Gegensatz zu einer Narkolepsie ist beim REM-Schlafmangel nicht nur die Behandlung, sondern eine komplette Heilung möglich. Es sollte in diesen Fällen unbedingt auf Ursachensuche gegangen werden, denn die Auslöser dieser Krankheit sind individuell. Wird diese Erkrankung nicht behandelt, werden die Kollapse in der Regel immer schlimmer und häufiger, und das Pferd kann sich dabei ernsthaft

verletzen. Zudem wirkt es insgesamt sehr müde, gereizt oder auch hysterisch – was sicher jeder nachvollziehen kann, der schon einmal unter etwas länger andauerndem Schlafmangel gelitten hat.

Ursachen und Therapie bei REM-Schlafmangel

Eine Reihe von Faktoren kann das normale Schlafverhalten eines Pferdes stören und dazu führen, dass sich das Pferd nicht ablegt. Mögliche Einflussfaktoren sind vor allem die Unruhe durch den Menschen, wie zum Beispiel nächtliche Veranstaltungen in der Nähe des Stalls, das Nichteinhalten von Nachtruhezeiten oder die Stallhaltung an sich. Eine reine Boxenhaltung, zu kleine Liegeflächen oder fehlende, ungeeignete oder verschmutzte Einstreu können dazu beitragen, dass sich ein Pferd nicht wohlfühlt und sich deshalb nicht ablegt. Studien haben gezeigt, dass sich bei einer Liegefläche mit Gummimatten ohne Einstreu die Liegezeiten um bis zu 70 Prozent verkürzen und dass Stroheinstreu generell von Pferden präferiert wird. Da Pferde Herdentiere sind, kann unzureichender Sozialkontakt ein Auslöser für ein gestörtes Schlafverhalten sein oder aber ungeliebte Boxennachbarn. Die Rangordnung spielt vor allem bei der Offenstallhaltung eine große Rolle. Rangfolgenunabhängig kann es hier zu Schlafmangel kommen, wenn das Pferd ausweichen oder auf seine Herde „aufpassen" muss. Auch der Umzug in einen neuen Stall sowie das Eingliedern oder Herausnehmen eines Pferdes aus einer bestehenden Herde bedeuten Stress und Änderung in der Herdenstruktur, was zu einem Mangel an Schlaf im Liegen bei einzelnen Tieren führen kann. Reisen

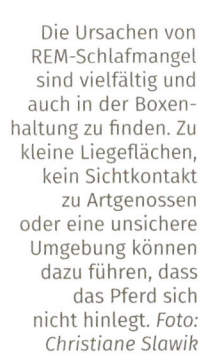

Die Ursachen von REM-Schlafmangel sind vielfältig und auch in der Boxenhaltung zu finden. Zu kleine Liegeflächen, kein Sichtkontakt zu Artgenossen oder eine unsichere Umgebung können dazu führen, dass das Pferd sich nicht hinlegt. *Foto: Christiane Slawik*

und Übernachtungen, beispielsweise bei Turnieren, können ein Pferd ebenso in seinem natürlichen Schlafverhalten beeinträchtigen. Das Tier fühlt sich in der neuen Umgebung unwohl und legt sich als Fluchttier nicht immer zum Schlafen hin. Mitunter legt sich auch eine hochtragende Stute oder eine Stute mit Fohlen nicht hin. Auch ein abruptes, unnatürliches Absetzen des Fohlens kann ein massiver Stressfaktor sein und zu einem Mangel an Schlaf im Liegen führen. Es gibt sogar Fälle, in denen sich ein Pferd nicht mehr ablegt, sobald es eine Decke auf dem Rücken hat.

Zusätzlich zu äußeren Störfaktoren können chronisch schmerzhafte, orthopädische oder auch andere Erkrankungen einen Mangel an Schlaf im Liegen auslösen. Beispielsweise können Rückenprobleme oder Arthrosen in den Gliedmaßen, vor allem den Karpal- und Sprunggelenken, so starke Schmerzen beim Liegen oder Hinlegen und Aufstehen verursachen, dass sich ein Pferd nicht hinlegt, um diese zu vermeiden.

Ohne Behandlung werden die Kollapse häufiger und schlimmer, und die Verhaltensstörung ist, je länger sie besteht, umso schwieriger zu behandeln. Auch wenn (bisher) keine typischen Kollapse beobachtet werden konnten, empfiehlt es sich, bei Pferden mit plötzlichen Leistungseinbußen, Verhaltenssauffälligkeiten, generellen Verhaltensveränderungen und unerklärlichen wiederkehrenden Verletzungen ein besonderes Auge auf das Schlafverhalten zu werfen. Eine Videokamera kann bei der Ursachensuche helfen, und eventuell sollte man auch eine Untersuchung in einem Schlaflabor in Betracht ziehen.

Foto: Christiane Slawik

Laut den Leitlinien zur Beurteilung von Pferdehaltungen unter Tierschutzgesichtspunkten vom Bundesministerium für Ernährung und Landwirtschaft (BMEL) liegt das Mindestmaß von Boxen bei Einzelhaltung bei (2 x Widerristhöhe)². Die kürzeste Seite darf 1,75 x Widerristhöhe nicht unterschreiten. In Gruppenhaltungen variieren die Maße je nachdem, ob Liege- und Fressbereich getrennt sind, von (3 x Widerristhöhe)² bis zu (2 x Widerristhöhe)².

Als Untergrund zum Schlaf im Liegen bevorzugen Pferde einen trockenen, weichen Boden. Eine Stroheinstreu wird meist anderen Einstreumaterialien vorgezogen. Liegematten sind als alleinige Liegeunterlage nicht artgerecht.

Bei Stuten mit Fohlen kann es zu REM-Schlafmangel kommen, wenn sie sich unsicher fühlen oder allein mit dem Fohlen stehen. Foto: Christiane Slawik

Die Therapie eines REM-Schlafmangels stellt immer eine Herausforderung an den Besitzer und den Tierarzt dar. Sie ist sehr individuell und leider nicht immer erfolgversprechend. Je nach Befund, Untersuchungsergebnis und Vorgeschichte wird ein passender Therapieplan erstellt. Schmerzhafte Erkrankungen müssen zwingend behandelt werden. Wenn es sich bei der Ursache um ein umweltassoziiertes, stressbedingtes Problem handelt, gilt es, dieses abzustellen, die Umgebung zu optimieren und den Stress zu reduzieren. Beispiele hierzu sind ein

Wechsel zurück in den vorherigen Stall, eine Änderung der Haltungsart oder eine Änderung in der Pferdeherde. Auch eine Vergrößerung der Liegefläche und vermehrte Einstreu können das Pferd dazu motivieren, sich wieder zum Schlafen abzulegen.

Narkolepsie

Bei der Narkolepsie handelt es sich um eine Gehirnerkrankung, die zu Störungen des Schlafverhaltens führt. Sie ist sehr selten und wird durch einen Mangel an Hypokretin verursacht. Dies ist ein Botenstoff im Gehirn und unter anderem für die Regulation des Schlaf-Wach-Rhythmus verantwortlich. Bei Pferden ist die Narkolepsie im Vergleich zum Menschen und zum Hund nur wenig erforscht und wird häufig mit der Verhaltensstörung „REM-Schlafmangel" verwechselt. Im Gegensatz zum REM-Schlafmangel sind von der Narkolepsie allerdings immer Fohlen betroffen, weswegen man von einer erblichen Erkrankung ausgeht. Die am meisten betroffenen Pferderassen sind Isländer und Lipizzaner. Das Krankheitsbild ist aber auch bei anderen Rassen beschrieben.

Beim Menschen werden die vier Hauptsymptome der Narkolepsie als sogenannte narkoleptische Tetrade zusammengefasst. Es handelt sich hierbei um vermehrte Tagesschläfrigkeit, Kataplexien (Verlust des Muskeltonus bei vollem Bewusstsein), Halluzinationen und Schlaflähmungen. Da die letzteren beiden subjektive Symptome sind, ist die Beurteilung bei Tieren leider nicht möglich. Narkoleptische Anfälle sind bei Aufregung, Stress oder in ungewohnten Situationen zu beobachten. Sie treten auch beim Pferd im Unterschied zu den Kollapsen beim REM-Schlafmangel nicht in der Ruhephase auf. Ein narkoleptisches Pferd scheint in Ruhephasen unauffällig und zeigt auch ansonsten keine neurologischen Symptome oder veränderte Laborergebnisse. Im Gegensatz zu Mensch und Hund hat ein Fohlen, das unter Narkolepsie leidet, keine kompletten Kataplexien mit einem kompletten Zusammenbruch. Es tritt meist eine vermehrte Müdigkeit oder anscheinende mentale Abwesenheit, schwankender Gang und Einknicken mit den Vordergliedmaßen auf. Eine Therapie bei Pferden ist nicht erforscht und wird nicht empfohlen, da die Krankheit nicht heilbar ist und sie lediglich die Symptome unterdrücken würde. Viele Fohlen kommen gut damit klar und können in gewohnter, ruhiger Umgebung ein fast normales Leben führen. Die Symptome scheinen sich mit dem Alter zu bessern und ein betroffenes Pferd kann zu einem nahezu symptomfreien Reitpferd heranwachsen.

Die Narkolepsie ist eine sehr selten vorkommende Gehirnerkrankung, die vermutlich vererblich ist und bei Fohlen im Alter von zehn Tagen bis sechs Monaten erstmalig auftritt. Foto: *Christiane Slawik*

Dr. Christine Fuchs hat ihr Tiermedizinstudium im Jahr 2008 in Gießen abgeschlossen. Sie war danach in mehreren Pferdekliniken in Bayern tätig und hat an der Ludwig-Maximilians-Universität in München über den REM-Schlafmangel und die Narkolepsie bei Pferden promoviert. Sie ist Fachtierärztin für Pferde und arbeitet seit 2019 in der Tierklinik Lüsche in Niedersachsen. Ihre Tätigkeitsschwerpunkte sind die Verhaltensmedizin inklusive Schlaflaboruntersuchungen und Medical Training und die Orthopädie inklusive Rehabilitation. Bei dem Schlaflabor handelt es sich um das bisher einzige zur Diagnostik verfügbare Schlaflabor für Pferde in ganz Europa.
cfuchs@tierklinik-luesche.de

Reiten mit der Alexander-Technik
Natürliche Leichtigkeit und Balance im Sattel

von Sarah Rob

Welcher Reiter hat nicht den Wunsch, elegant, entspannt und koordiniert auf dem Pferd zu sitzen? Die Alexander-Technik unterstützt den Reiter dabei, seine Körperhaltung und Balance im Sattel zu verbessern, unnötige Anspannung zu vermeiden und harmonischer mit dem Pferd zu kommunizieren. Durch bewusste Anleitung werden alte, nicht dienliche Bewegungsgewohnheiten erkannt und schrittweise durch effiziente, natürliche Muster ersetzt. Die Alexander-Technik vermittelt nachhaltiges Wissen und macht den Reiter unabhängig von Hilfsmitteln und Lehrern. Wer sie einmal verstanden hat, kann sie sein Leben lang anwenden.

In jedem Menschen steckt die Fähigkeit, sich leicht und mühelos zu bewegen. Durch die Alexander-Technik kann man die Leichtigkeit seiner Kindheit zurückgewinnen. Es geht um Re-Education, das Wiedererlangen von natürlichen, verlernten Bewegungsmustern. Man lernt nichts Neues, sondern „erinnert" den Körper an Bekanntes aus der Kindheit. Deshalb ist die Anwendung der Alexander-Technik so leicht und angenehm. Ohne Extraübungen und ohne Zeitverlust optimiert man die Alltagsbewegungen, das Sitzen, das Stehen, das Gehen und überträgt diese natürlichen, aus der Kindheit bekannten Bewegungsabläufe auf den Reitersitz und jede andere mögliche Bewegung.

Hier sieht man eine sehr schön ausgerichtete Reiterin. Die Primärkontrolle ist natürlich und ungestört, die Hand der Lehrerin unterstützt dabei die Richtung des Kopfes nach vorn und oben. *Foto: Michael von der Lohe*

Foto: Lisa Doß

Die Primärkontrolle

Die Primärkontrolle ist das Verhältnis zwischen Kopf – Hals – Rumpf und dessen bewusste Steuerung. Der Begründer der Alexander-Technik (Frederick Matthias Alexander) hat herausgefunden, dass der gesamte Körper nur dann effizient arbeiten kann, wenn genau dieses Verhältnis von Kopf – Hals – Rumpf in der natürlichen Weise genutzt wird. Wenn man lernt, die Primärkontrolle bewusst zu steuern, richtet man seinen Körper natürlich aus und reitet automatisch besser.

Hier gibt es eine direkte Parallele zum Pferd. Die korrekte Halshaltung des Pferdes beeinflusst den gesunden, gut schwingenden Rücken und die aktive Hinterhand, unabhängig von Reitweise oder Disziplin.

Die Primärkontrolle beim Kleinkind funktioniert noch ungestört, es nimmt nie feste oder starre Positionen ein. Es ist immer beweglich. Das sollten Erwachsene sich zum Vorbild nehmen.

später die eigenen Hände. Die Selbstwahrnehmung täuscht oft, kann aber durch einfaches Training im Alltag verändert werden, sodass sie immer mehr der Realität entspricht.

Innehalten und stoppen (2.)

Es geht darum, zwischen Reiz und Reaktion zu stoppen und innezuhalten – also nicht zu reagieren („Non doing"). Nichtstun ist für den Menschen gar nicht so leicht, für Pferde allerdings selbstverständlich. Bevor ein Pferd flüchtet oder ein Raubtier zum Angriff übergeht, wird es immer erst innehalten, sich sortieren und dann flüchten oder angreifen.

Beim Reiter ist der Reiz zum Beispiel die Anweisung zum Angaloppieren: Die gewohnte Reaktion darauf ist meistens eine Stressreaktion und Verspannung des Körpers, deshalb gelingt das Angaloppieren nicht so gut. Ein kurzes Innehalten und In-sich-Gehen hilft, dem entgegenzuwirken.

Das Handy wird oft in einer unbewussten und ungesunden Haltung benutzt. Im zweiten Bild sieht man die korrekte Haltung, ausgerichtet und angeleitet. *Foto: Michael von der Lohe*

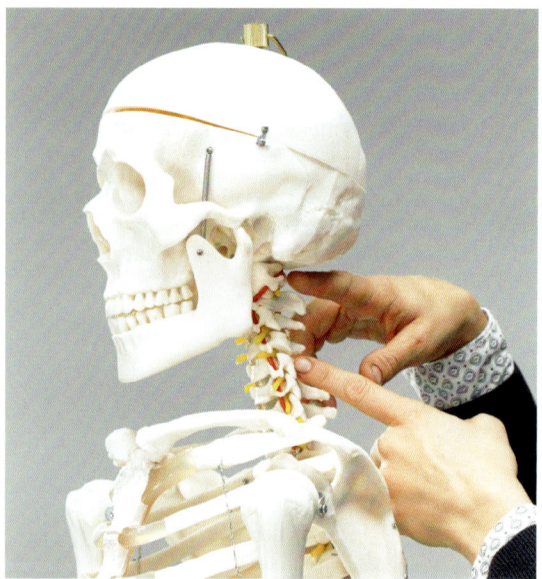

Anatomiekenntnisse helfen bei der Anwendung. Der Zeigefinger der oberen Hand zeigt auf den ersten Halswirbel, direkt darüber ist das Hinterhauptbein. Genau hier liegt beim Pferd das Genickstück der Trense. *Foto: Michael von der Lohe*

Unnatürliches Bewegungsmuster erkennen (1.)

Es geht vor allem darum, unbewusste, ungünstige Bewegungsmuster zu erkennen und sie sich bewusst zu machen. Dafür helfen am Anfang Spiegel, Fotos, Videos, die Hände eines Lehrers und

Richtungen denken und Primärkontrolle nutzen (3. und 4.)

Nutzt man die Zeit nach dem Innehalten dafür, in Richtungen zu denken, sich auszurichten und dann erst die Galopphilfe zu geben, kann man viel bewusster, genauer und feiner einwirken. Oft reicht nur der entsprechende Gedanke und das Pferd versteht. Um den Körper auszurichten und die Primärkontrolle wieder natürlich zu nutzen, ist es sinnvoll, dem Körper erst mal nur Richtungen anzuweisen und sich diese zu „denken". Der Körper kann diese Richtungen subtil und nachhaltig umsetzen

Die Wirbelsäule ist zwar gelenkig, sollte aber nie als Gelenk genutzt werden. Im zweiten Bild wird das Hüftgelenk gut gebeugt, Kopf und Hals werden in Verlängerung zur Wirbelsäule ausgerichtet. *Foto: Michael von der Lohe*

und man gerät nicht von einer schlechten Position in die nächste. Es reicht, den Kopf nach vorn und oben sowie den Rücken lang und weit zu „denken". Erst danach denkt man an die Galopphilfe und setzt sie (wenn noch nötig) um.

Praktische Anwendung

Eine einfache, leichte Alltagsbewegung veranschaulicht in fünf bis zehn Minuten die Anwendung und Umsetzung der Alexander-Technik. Beim Lesen könnt ihr diese Übung direkt mitmachen. Man sitzt auf einem Stuhl, steht auf und setzt sich wieder. Dies ist eine Bewegung, die man viele Male am Tag

macht – meistens schnell, unbewusst und in einer schlechten, nicht effizienten Art und Weise. Legt man die Hand von hinten an den Hals und führt dabei mehrfach das Sitzen und Aufstehen durch, bemerkt nahezu jeder dasselbe: Man verspannt den Hals, zieht den Kopf nach hinten-unten und verkürzt den Rücken. Meistens wird viel Schwung geholt und die Beine werden nicht effizient genutzt. Auf Video aufgenommen, ist diese Verkürzung meist sogar sichtbar. Die Anspannung der Halsmuskulatur durch die eigene Hand ist auf jeden Fall spürbar. Beim Laufen und beim Reiten ist es ähnlich. Durch den verspannten Hals können Arme und Hände nicht mehr locker genutzt werden, und auch der Rücken verspannt sich. Das Pferd fühlt und bemerkt das sofort und kann dementsprechend reagieren. Durch das Erkennen dieses Musters hat man Punkt 1 des Kreislaufs durchgeführt.

Bei Anwendung der weiteren Prinzipien zeigt sich eine spürbare und sichtbare Veränderung der Bewegung von Hinsetzen und Aufstehen: Vor der Bewegung hält man inne und stoppt das gewohnte Muster (Punkt 2). Dann „denkt" man sich die guten, natürlichen Richtungen, also den Kopf nach vorn und oben (Punkt 3). Falls man sich nicht sicher ist, ob man es richtig umsetzt, können kurz beide Arme so weit wie möglich über den Kopf nach oben in Richtung Decke gestreckt werden. So justiert sich der Kopf automatisch auf dem ersten Halswirbel und folgt der Richtung nach vorn und oben. Wenn man diese Bewegung mehrfach langsam durchführt, reduziert sich die Anspannung im

Der Körper besteht aus Wasser und kleinsten Molekülen, die ständig in Bewegung sind. Es hilft, dem Körper immer wieder neue und zeitlich versetzte Anweisungen zu geben, um vom starren Positionierungsgedanken und dem starren „Richtig" und „Falsch" wegzukommen. Der „KörperCoaching-Kreislauf" veranschaulicht diesen Prozess:

Wahrnehmen – Stoppen – Richtungen denken – Ausrichten – und wieder von vorn.

Die Anwendung der Alexander-Technik, veranschaulicht durch einen großen Kreislauf, der immer wieder von Neuem startet.

Grafik: Lisa Doß

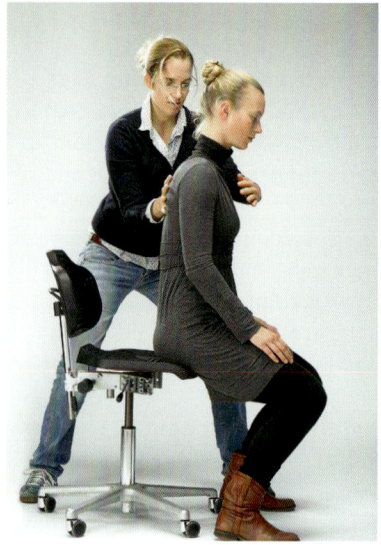
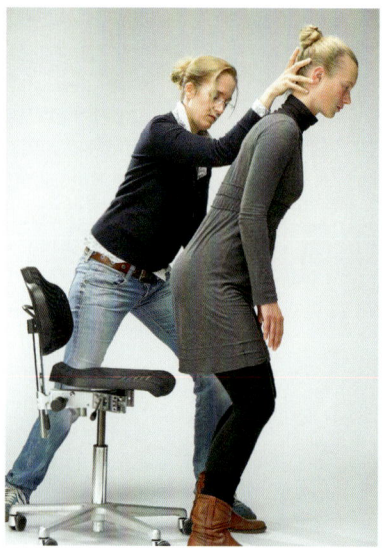

Hier sieht man die praktische, angeleitete Übung „Sitzen und Aufstehen von einem Stuhl". Die Primärkontrolle und die Richtungen werden dabei durch die Hände unterstützt. *Foto: Michael von der Lohe*

Hals, dafür werden die Beine effizienter genutzt. An diesem Punkt stellt fast jeder eine sofortige Verbesserung fest. Die Alexander-Technik wurde das erste Mal erfolgreich angewendet.

Übertragung in den Sattel

Die Übung im Sitzen auf dem Stuhl kann direkt auf den Sattel übertragen und dort weiter verfeinert werden. Am Anfang hilft ein Holzpferd, sodass

das Pferd in der ersten Übungsphase während des Unterrichts geschont wird. Das Stehen mit gebeugten Beinen („Monkey-Position") simuliert den Reitersitz in verschiedenen Variationen (Dressursitz, Balancesitz, Leichttraben, Springsitz). Sobald direkt mit dem Pferd gearbeitet wird, nutzt der Lehrer seine Hände und seine Stimme. So unterstützt er die Schüler dabei, die Richtungen und Veränderungen im Körper wahrzunehmen und bewusst zu nutzen.

Der Begründer der Alexander-Technik: Frederick Matthias Alexander

Frederick Matthias Alexander, besser bekannt als F. M. Alexander, lebte von 1889 bis 1955. Er war Australier, lebte aber die meiste Zeit seines Lebens in London und in den USA. Er hat seine Technik ohne fremde Lehrer oder fremde Hände entwickelt und so seine eigene Körperhaltung optimieren können. Dafür hat er mit sich selbst in einem Zimmer voller Spiegel gearbeitet. Sehr schnell merkte er jedoch, dass eine Unterstützung durch das Anlegen der Hände bei seinen Schülern unglaublich nützlich war. Deshalb werden beim praktischen Üben die Schüler im Liegen, Sitzen, Stehen und Reiten von erfahrenen Händen unterstützt und angeleitet. Sich die Richtungen selbst zu denken, wird von Anfang an gelehrt. So kann jeder sofort anfangen,

Das Reiten auf einem Holzpferd unterstützt, die Alexander-Technik zu erlernen und die eigene Wahrnehmung zu schulen. Auf dem Bild wird die Schülerin durch Hände angeleitet, ihre Primärkontrolle natürlich zu nutzen. *Foto: Lisa Doß*

Die Schülerin wird mit den Händen im Balancesitz angeleitet, ihr Hüftgelenk mehr zu beugen und die Primärkontrolle natürlich auszurichten. *Foto: Lisa Doß*

die Alexander-Technik anzuwenden. Egal, was man mit dem Pferd vorhat: Es ist immer von Vorteil, die Alexander-Technik zu integrieren und so mehr Achtsamkeit in seine Bewegungen zu bringen – sich und dem Pferd zuliebe.

Video zum Balance-Sitz:
bit.ly/kc-balance

Hinweis: Die Natural Horse und der Crystal Verlag distanzieren sich ausdrücklich von F. M. Alexanders diskriminierenden Äußerungen.

Sarah Rob ist seit 2006 Lehrerin der F. M. Alexander-Technik (Alexander-Technik-Verband Deutschland (ATVD) e.V.) und ausgebildete Pferdewirtin mit dem Schwerpunkt Reiten (FN). Als „Natural Classic Horse Focus"-Trainerin und langjährige Schülerin von Philippe Karl (von 2006 bis 2021) bringt sie ein breites Spektrum an Erfahrung und Fachwissen in ihre Arbeit ein. Unter dem von ihr eingeführten Begriff „KörperCoaching" hat sie die Alexander-Technik und ihre Erfahrungen aus 20 Jahren Ausbildung zum Wohle ihren Reitschüler und Schmerzpatienten miteinander verbunden. In ihrem Ausbildungsbetrieb in Hannover verbindet sie ihre Leidenschaft für pferdegerechte Haltung mit professionellem Pferdetraining. Dort werden Pferd und Reiter dabei unterstützt, eine harmonische und gesunde Verbindung zueinander zu entwickeln.
www.sarahrob.de

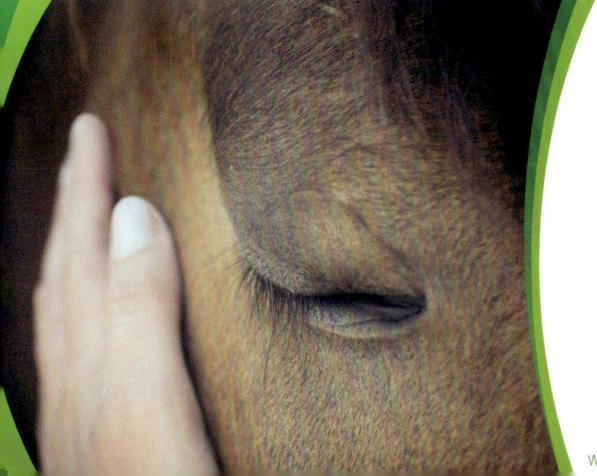

PFERDEPARADIES SOMMERWEIDE?

Artgerechte Haltung im Rahmen regionaler Bestimmungen

von Nikola Fersing

Foto: Christiane Slawik

Gibt es einen schöneren Anblick als Pferde, die ruhig grasend auf einer grünen Weide stehen? Was auf den ersten Blick sehr idyllisch aussieht, kann bei näherem Hinsehen für die Pferde durchaus problematisch sein, denn zwischen einer pferdegerechten Sommerweide und der Wirklichkeit liegen oft Welten. Oft fehlen Wetterschutz und ausreichend Wasser. Doch weshalb scheint die Weidehaltung heute komplizierter als im letzten Jahrhundert und worauf muss man achten, um den Pferden eine sichere, gesunde und artgerechte Weidesaison zu ermöglichen, ohne dabei mit dem Gesetz in Konflikt zu geraten?

Früher gingen die Pferde im Mai auf die Weide, fraßen den Sommer über Gras und verursachten keine Arbeit. Doch was in den sechziger und siebziger Jahren des letzten Jahrhunderts noch üblich war, funktioniert heute so nicht mehr. Die Rahmenbedingungen haben sich stark verändert. Damals liefen vergleichsweise wenige Pferde auf Flächen, die mit alten Grassorten und vielen Kräutern eine gesunde Futtergrundlage lieferten. Es waren alte, vielfältig strukturierte Weiden, die mit Gebüsch und Bäumen bestanden waren oder zumindest an den Rändern Gestrüpp aufwiesen. Manche hatten sogar Zugänge zu natürlichen Bächen. Die Befahrbarkeit mit großen Maschinen war zweitrangig, denn Pferde waren als Arbeitstiere eben erst von kleinen Traktoren ersetzt worden.

Heute finden sich Pferde in aller Regel auf ackerähnlichen, gleichförmigen Weideflächen wieder, die von industriell vermehrten Weidelgräsern oder Schwingeln dominiert werden.

Der Baumbestand auf den Flächen wurde in den letzten Jahrzehnten weitgehend gerodet, um möglichst hohe Grasanteile und ein einfaches maschinelles Bearbeiten zu ermöglichen. Natürliche Bäche gibt es kaum noch, und das Tränken aus diesen ist selten erlaubt. Eine solche Monokulturweide ohne Baum und Strauch ist kein pferdegerechtes Umfeld.

WASSER AUF DER WEIDE

Im Allgemeinen trinkt ein Pferd bei Frischfutteraufnahme (saftiges Gras) an einem normalen Tag circa 30 Liter Wasser. Bei Hitze und überständigem, trockenem Gras kann der Wasserbedarf auf 100 Liter pro Tag ansteigen. Die Versorgung mit frischem, sauberem Wasser ist überlebenswichtig und muss sichergestellt sein.

IBC-Tanks sind eine gute Lösung, um Wasser auf Weiden zu schaffen. *Grafik: Nikola Fersing*

IBC-Tanks

Ein handelsüblicher Kunststofftank, verstärkt durch Metallgitter und installiert auf einem dafür geeigneten Anhänger, der für das Zuladungsgewicht von 1000 Litern zugelassen ist, kann mittels Pkw auf die Weide gefahren werden und dort den Pferden als Tränke dienen. Solche „Intermediate Bulk Container", kurz IBC-Tanks, kommen auf Paletten, sodass sie mit einem Gabelstapler umgesetzt werden können. Das Metallgitter schützt sie vor mechanischen Beschädigungen. IBC-Tanks

Natürliche Weideflächen mit alten Grassorten, Kräutern sowie Bäumen und Sträuchern sind heutzutage ein seltener Anblick. *Foto: Christiane Slawik*

Kübel müssen schwer und groß genug sein. Kippen sie um, stehen die Tiere bis zur nächsten Kontrolle ohne Wasser da. *Foto: Nikola Fersing*

bestehen aus hochverdichtetem Polyethylen und sind lebensmittelecht. An solche Tanks lassen sich Anbautränken verschiedener Art montieren, von der Zungentränke bis hin zum Wassertrog mit Schwimmerventil. Je nach Herdengröße ist es neben der täglichen Kontrolle alle paar Tage nötig, den Tank von der Weide zu holen und neu zu befüllen. Die Wasserkosten sind geringer, wenn dafür ein Brunnen genutzt werden kann oder ein zusätzlicher Gartenwasserzähler installiert ist, sodass keine Abwassergebühr anfällt. Passende Folien schützen sie vor UV-Licht und Hitze und sorgen für frischeres Wasser. Das Tankwasser sollte mindestens einmal wöchentlich erneuert werden, weil sich darin Keime vermehren und Algen bilden.

Bäche und Flüsse

Gibt es auf der Pferdeweide einen Wasserlauf, kann eine Pumpe hineingelegt werden, die das Wasser in eine Tränkevorrichtung oder Wanne pumpt. Direkter Zugang zu Fließgewässern ist für Weidetiere meistens nicht erlaubt. Eine Anfrage bei der zuständigen Umweltbehörde kann das klären.

Brunnen

Nicht nur bei Eigentum, auch bei langfristigen Weidepachtverträgen kann sich eine Brunnenbohrung lohnen, denn gefördertes Wasser spart Kosten, Mühe und Zeit. Bevor ein Brunnen gebohrt wird, muss die regionale Wasserbehörde zwecks Genehmigung einbezogen werden. Einen Brunnen anzulegen, ist allerdings technisch nicht immer und überall möglich. Ist der Boden von harten Gesteinsarten geprägt, kann es schwierig und kostspielig werden. Fehlt ausreichendes Grundwasservorkommen in erreichbarer Tiefe, ist eine Bohrung sinnlos.

Nach der Bohrung eines Brunnens ist eine geeignete Pumpe erforderlich, um das Wasser an die Oberfläche zu fördern. Es gibt verschiedene Pumpentypen. Hand- und Hebelpumpen sind die einfachste Form der Wasserentnahme. Sie erfordern keine Elektrizität und arbeiten zuverlässig. Allerdings ist der manuelle Aufwand hoch. Sie sind dann geeignet, wenn eine begrenzte Anzahl Pferde zu versorgen ist und keine kontinuierliche Wasserversorgung erforderlich ist.

Erhältlich sind auch von den Pferden selbst zu bedienende Hebelpumpen. Wichtig ist eine Kontrolle, ob alle Tiere mit deren Bedingung klarkommen. Es gibt Hebelpumpen mit einem zweiten Tränkebecken, das vom pumpenden Pferd mit befüllt wird, sodass Fohlen oder unerfahrene Pferde ebenfalls trinken können. Die tierbedienten Hebelpumpen haben klare Vorteile: stete Wasserversorgung, keine Abhängigkeit von Stromquellen, wenig Verschleiß und einfache Wartung, sie sind robust und wenig störanfällig. Aber nicht alle Pferde lernen die Bedienung, oder manche mögen das Pumpen nicht und trinken zu wenig. Das Wasser fließt relativ langsam, die Tiere brauchen etwas Geduld. Neben einer

Pferde trinken am liebsten aus großen Wannen, jedoch verschmutzt offenes Wasser schnell. *Foto: Christiane Slawik*

Bei Wasser, das nicht aus dem Frischwasser-Leitungssystem stammt, ist vorab eine Wasseruntersuchung notwendig, um eine Gefährdung der Pferde durch schädliche Inhaltsstoffe auszuschließen. *Foto: Nikola Fersing*

Hebelpumpentränke sollte ein Wasserbottich aufgestellt und mindestens einmal täglich befüllt werden, um die Versorgung aller Pferde sicherzustellen und bei großer Hitze das Trinken ausreichender Mengen zu erleichtern.

Zudem gibt es noch solar- oder windbetriebene Pumpen und Dieselpumpen. Firmen, die Weidepumpen vertreiben, können beraten, welches Modell das richtige ist.

WEIDESCHUTZ FÜR PFERDE

Beim Wetterschutz von Privatpferden auf der Weide treffen zwei gesetzliche Bestimmungen aufeinander, die sich gegenseitig ausheben und im Grunde genommen eine private Pferdehaltung fast unmöglich machen: Der private Halter darf im

Außenbereich keine Schutzhütte bauen, muss aber laut Tierschutzgesetz seinen Pferden einen artgerechten Witterungsschutz bieten. Landwirte haben es für ihre Kühe oder Zuchtpferde einfacher, weil sie privilegiert sind und Baugenehmigungen eher erhalten. Wie private Halter vorgehen können, hängt vor allem davon ab, ob die Weide Eigentum, langfristig gepachtet oder die Nutzung nur für wenige Jahre vorgesehen ist.

Weidehütten

Ist der Verpächter Landwirt, kann er eine Genehmigung für eine Weidehütte beantragen. Die einfachste Ausführung ist gleichzeitig die beste: ein Dach und ein oder zwei Wände gegen die Sonnenseite. In den Sommermonaten sind Wind und Regen kein Problem, aber Hitze und Insekten. Eine Hütte auf einer Anhöhe, dem Wind ausgesetzt, hilft effektiver gegen Mücken und Bremsen als in einer feuchten Senke. Reicht der Schatten nicht, lässt er sich mit einem Sonnensegel vergrößern. Die Weidehütte oder ein anderer standortfester Schutz wie etwa Büsche muss für die Tiere immer erreichbar sein. Bei einer Umtriebsweidenutzung muss das Stück, auf dem die Hütte steht, von allen Koppeln aus aufgesucht werden können.

Zelte und Mobilställe

Wenn das Weideland nicht für mindestens zehn oder zwölf Jahre gepachtet ist, sind mobile Bauten die Lösung. Weidezelte oder Schutzhütten auf Fahrgestellen, die alle paar Wochen umgesetzt werden, sind in vielen Regionen zulässig. Bevor man jedoch hohe Investitionen tätigt, empfiehlt sich eine Anfrage bei der zuständigen kommunalen Behörde, deren Vorgaben je nach Region anders ausfallen. In der Bezirksregierung Düsseldorf beispielsweise gilt selbst das mobile Weidezelt als bauliche Anlage und braucht eine Baugenehmigung. Theoretisch darf in einigen Bundesländern eine Privatperson für drei Monate ein Zelt bis zur Größe von 75 Quadratmetern genehmigungsfrei auf dem privaten Grundstück

stehen lassen. Wird dieser Zeitraum überschritten (was bei einer Weidezeit von Mai bis Oktober unweigerlich der Fall ist), ist nach deutschem Baurecht und der allgemeinen Bauvorschrift eine befristete Baugenehmigung erforderlich oder eine Einzelfallentscheidung bezüglich der Aufstellzeit durch eine Bauaufsichtsbehörde notwendig.

Pferdehalter sind grundsätzlich gut beraten, ihr Zelt passend zur Landschaft und möglichst unauffällig zu errichten. Unordnung, Matsch und jede Geruchsbelästigung der Nachbarn sollte vermieden werden. Beschweren sich Anwohner oder Spaziergänger, ist Ärger vorprogrammiert. Weidezelte sind ab rund 800 Euro im Handel erhältlich. Sie bestehen aus stabilen Planen auf Stahlgestellen und werden mit Erdnägeln im Boden verankert. Ganz wichtig ist, dass alle für die Pferde erreichbaren Teile sicher sind, Sackgassen vermieden werden, Pfosten stabil stehen und keine Schnüre zur Gefahr werden. Zeltwände, wenn vorhanden, sollten verstärkt werden durch Lattungen oder Panels. Muss man aufgrund strenger Bestimmungen vor Ort das Zelt tatsächlich alle zwei oder drei Monate umsetzen, bedeutet das jedes Mal harte Arbeit.

Lebender Wetterschutz

Leichter ist es für Pächter, die ihre Flächen für zwölf oder noch besser 24 Jahre nutzen können, oder für Eigentümer. Denn wenn eine Hütte als Schutz nicht möglich ist, können ungiftige Gehölze für das Wohlbefinden auf der Weide sorgen. Anpflanzungen unterliegen keinem Baurecht. Bei Pachtweiden kann es sein, dass man bei Pachtende die Gehölze wieder entfernen muss.

Die richtigen Büsche an den richtigen Stellen bieten den Pferden einen optimalen, natürlichen Schutz. In ihrem Buch „Pferd und Gehölz" erläutert Dr. Renate Vanselow eingehend, wie Pferde verschiedene Gehölze und Strukturen nutzen, um sich vor Insekten und extremer Hitze zu schützen:

Bekommt man keine Genehmigung für einen festen Unterstand, ist ein Weidezelt eine gute Alternative. *Foto: Christiane Slawik*

Ein schöner, großer Schirmbaum wertet eine Pferdeweide in jeder Hinsicht auf, spendet Schatten und bietet Schutz vor lichtliebenden Stechinsekten.
Foto: Nikola Fersing

„Kleine Gruppen von Nadelbäumen wie Fichten und Tannen sind für Pferde durchaus attraktive Rückzugsräume vor Sturm und Regen, aber auch bei Hitze und Insektenplagen […]. Fichten und Tannen lassen sich auch ohne Baugenehmigung für einen Weideunterstand zu einem lebendigen Witterungsschutz gestalten. Im Inneren der Baumgruppe sollten dabei die Zweige im unteren Bereich entfernt oder seitlich gestutzt werden, damit die Tiere genug Bewegungsraum erhalten. Nach außen kann die Baumgruppe außerhalb der Tierpfade Sichtschutz durch niedrige Zweige bis zum Boden bieten und zudem gegen seitlich einfallenden Regen und Wind schützen. Eine dicke Nadelstreu am Boden verhindert eine Krautschicht und erzeugt im Sommer ein trockenes Mikroklima unter den dunklen Bäumen. Das hält Plagegeister fern: Mücken meiden trockene Luft, Bremsen meiden Schatten. Wenn die Bäume niedrig bleiben sollen, kann man sie regelmäßig köpfen und das geschredderte Material als Streu unter den Bäumen verwenden" (Vanselow, „Pferd und Gehölz", S. 283 f).

Ideal geeignet zum Bilden schützender Gebüsche ist der Holunder (*Sambucus nigra*). Pferde fressen ihn für gewöhnlich nicht, sodass er ungehindert hochkommen kann. Holunder wächst schnell und bildet dichte Sträucher. Er ist praktisch ungiftig für Pferde, allerdings sollten die rohen Beeren nicht in großen Mengen verzehrt werden. Die dichte Belaubung des Holunders bietet guten Schutz gegen Sonne, aber auch gegen Regen. Seine Blätter und Blüten enthalten Substanzen, die Stechinsekten vertreiben. Immer wieder ist zu beobachten, dass Pferde gezielt an Holunderbüschen entlangstreifen, um sich so gegen Mücken und Bremsen zu schützen. Frisch gesetzte Holundersträuchlein sollten deshalb in den ersten Jahren einen Schutzzaun erhalten, denn sie werden gerne platt gewälzt. Im Kreis gesetzte Holunderpflanzen lassen sich zu einem pflanzlichen Hallenbau trimmen, indem man innen störende Äste zurückschneidet. Das erledigen die Pferde durch Hineindrängen und Abbrechen mit der Zeit aber auch selbst. Im Holundergebüsch sind sie weitgehend unbehelligt von Insekten.

Insekten meiden den Geruch des Holunders. Pferde streichen gern mit dem Fell an den Büschen entlang, um von dieser natürlichen Insektenabwehr zu profitieren. *Foto: Nikola Fersing*

Weitere Gehölze, die sich als schnellwachsender Witterungsschutz für die Sommerweide eignen, sind Weidearten, Hasel, Pappel oder auch Dornsträucher wie Wildrose oder Weißdorn. Alle nicht durch Dornen geschützten Gehölze müssen in den ersten Jahren durch Zäune vor Beknabbern geschützt werden. Dicke Stämme werden bei ausreichendem Grasangebot später in der Regel nicht mehr angefressen.

Dr. Renate Vanselow, in Tradition mit Grünlandspezialisten des 19. Jahrhunderts, empfiehlt auch große Schirmbäume für Pferdeweiden. Diese bieten Schatten und nehmen Einfluss auf die Beschaffenheit der Weideflächen. Jede Gehölzart, ob schnell wachsende Büsche oder mächtige Bäume, hat ihre Eigenheiten und gedeiht an bestimmten Standorten besonders gut. Wer zum Beispiel nasse Flächen hat, die nach jedem Starkregen unbenutzbar sind, kann mithilfe der Schwarzerle eine Verbesserung bewirken: „Schwarzerlen (*Alnus glutinosa*) sind als Schirmbäume auf Pferdeweiden durchaus interessant. Sie werden von den meisten Pferden nicht gerne gefressen, haben also eine Chance, auch ohne Zaun bei ausreichend Futter den Fraß zu überstehen. [...] Junge Bäume können bis zu einem Meter jährlich in die Höhe wachsen. [...] Dort, wo die Konkurrenz nicht wachsen kann, im Überschwemmungsbereich, zeigt die Licht liebende, raschwüchsige Erle ihr volles Potenzial. [...] Während andere Bäume bei hohem Wasserstand Gewebszerstörungen an den unter Wasser an Sauerstoffmangel zugrunde gehenden Wurzeln und Stammabschnitten erleiden, kann die Erle ihr atmendes, lebendes Gewebe auch bei vorübergehender Überschwemmung mit Sauerstoff versorgen. [...] Das leicht abbaubare Erlenlaub ist also stickstoffreich und ein wertvoller Dünger. Es verwundert nicht, dass das Graswachstum unter Erlen [...] als besonders üppig beschrieben wird" (Vanselow, „Pferd und Gehölz", S. 136). Hainbuchen hingegen schließen durch ihr Wurzelwerk verdichtete, schwere Böden auf, kommen mit Trockenheit zurecht und wachsen auch auf Lehm- oder Tonböden.

Es lohnt sich, die Eigenschaften der Baumarten zu studieren und mit Blick auf die Standortbedingungen den passenden Baum auszuwählen. Zukünftige Pferdegenerationen und die Umwelt werden es danken.

Literatur:
Vanselow, Renate: Pferd und Gehölz, Starke Pferde Verlag 2024, ISBN 978-3-947346-15-8

Nikola Fersing, 61, Redakteurin und Englischdozentin, hält seit über 30 Jahren ihre Ponys und Pferde im Offenstall am Haus. Ihr erstes Pony war eine Shetlandstute, die sie 1973 bekam und die noch schadlos den ganzen Sommer auf gesunden Weiden leben konnte. Im Foto mit Highlandstute Eilidh of Glass Beinn.

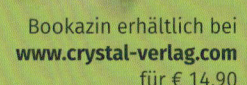

Herausforderung Stillstehen

Die unterschätze Disziplin im Pferdetraining

von Karen Golz

Foto: Christiane Slawik

Stillstehen – kaum eine Anforderung an das Pferd begegnet dem Pferdemenschen im Alltag so oft wie diese. Ob beim Aufsteigen, am Putz- oder Waschplatz oder bei der Hufbearbeitung – im Idealfall bleibt das Pferd brav und geduldig stehen, bis der Mensch mit seinem Vorhaben fertig ist. Doch die Realität sieht oft anders aus: Tänzelnde Pferde beim Aufsteigen, scharrende Hufe am Putzplatz oder gar „unkooperatives Verhalten" bei der Hufbearbeitung. In diesen scheinbar banalen Momenten des Stillstehens offenbart sich die Qualität der Beziehung vom Menschen zum Pferd und der bisher geleisteten Trainingsarbeit.

Die Welt aus Sicht der Pferde

Das Pferd macht aus seiner Sicht immer alles richtig. Es weiß nicht, welches Verhalten in der domestizierten Haltung „richtig" und „falsch" ist. Die Aufgabe des Menschen ist, ihm dies verständlich und für das Pferd umsetzbar zu erklären. Um zu verstehen, warum das Stillstehen für das Pferd so schwer ist, muss man sich seine Natur als Flucht- und Beutetier vor Augen führen. In freier Wildbahn bleibt das Pferd nur dann stehen, wenn es zum Beispiel äppelt/markiert, ruht, frisst, in soziale Interaktion tritt (grooming) oder Gefahr wittert und die Umgebung absichert (fokussiert). In allen anderen Momenten ist die Bewegung (Schritt, Trab oder Galopp) überlebenswichtig.

Stillstehen bedeutet für das Pferd oft, seinem natürlichen Instinkt nicht zu folgen, zum Beispiel in folgenden Situationen:

Beim Aufsteigen verhält sich der Mensch wie ein Raubtier. Er erklimmt den Pferderücken und das Pferd darf diesem Prozess nicht ausweichen. Im schlimmsten Fall verursacht Druck über den Zügel Schmerzen im Maul und ungeschicktes Einsitzen, ein unpassender Sattel oder ein zu schwerer Reiter Schmerzen im Rücken.

Am Putz- oder Waschplatz bindet man das Pferd an und nimmt ihm so die Möglichkeit, sich zu bewegen oder zu flüchten. Damit beschneidet man zwei sehr starke instinktive Bedürfnisse des Pferdes. Beidseitig angebunden nimmt man dem Pferd zudem die Möglichkeit, über die Drehung des Kopfes für Orientierung und ein Gefühl von Sicherheit zu sorgen.

Bei der Hufbearbeitung destabilisiert das Aufnehmen eines Beins selbst ein gesundes Pferd und kann es dadurch verunsichern. Ein Pferd mit körperlichen Problemen (ausgeprägte natürliche Schiefe, Schmerzen in einem oder mehreren Beinen, in den Hufen oder im Rücken), ein junges oder altes Pferd, ein wildes oder rohes Pferd reagiert in dieser Situation besonders sensibel und verweigert das Hergeben des Hufs.

Perspektivenwechsel für mehr Fairness

Wenn ein Pferd in solchen Situationen unruhig wird oder nicht kooperiert, liegt das selten daran, dass es „nicht will", „keine Lust hat" oder „den Menschen ärgern will". Vielmehr drückt es Unsicherheit, Überforderung oder Unverständnis aus. Umso wichtiger ist es, dass der Mensch diese Signale korrekt deutet, gezielt an den Ursachen arbeitet und nicht nur die Symptome korrigiert.

Der Mensch tendiert leider dazu, seine Wahrnehmung als die wahre oder richtige zu werten. Um das Pferd allerdings nachhaltig und stressfrei trainieren zu können, sollte er in der Lage sein, die Perspektive zu wechseln und so die Welt aus Sicht der Pferde zu betrachten.

Beispiel 1 – Der Prozess des Aufsteigens

Nicht nur der Jungpferdebesitzer beschäftigt sich mit dem Prozess des Aufsteigens. Auch der Besitzer eines erfahrenen Reitpferdes hat oft Probleme,

So nicht! Aufstiegshilfen sollten massiv und standfest sein. Bierkisten und „schwedische Hocker" erhöhen das Unfallrisiko. *Foto: Christiane Slawik*

Das Aufsteigen ohne Aufstiegshilfe ist wegen der großen Zugkräfte für den Pferderücken ungesund, für den Menschen oft beschwerlich und für das Equipment schädlich. *Foto: Christiane Slawik*

Trainingsziele willkommen heißen: Zum Aufsteigen findet sich im Gelände immer eine Gelegenheit. Foto: Karen Golz

entspannt und sicher aufzusteigen. Um nachhaltig trainieren zu können, ist es wichtig, diesen Prozess für das Pferd zunächst in seine Einzelschritte zu zerlegen: sich führen lassen – parken – stillstehen – aufsteigen lassen – warten – losgehen.

Jedem Schritt für sich gebührt höchste Aufmerksamkeit und ein wirksames Training kann nur stattfinden, wenn der Mensch in der Lage ist, genau zu identifizieren, an welcher Stelle das Pferd Sorge zeigt oder „Nein" sagt.

Führen: Das Pferd folgt dem Menschen willig überallhin. Dabei sollte es natürlich nicht ziehen, zerren, überholen oder ausweichen. Dieser Vorgang stellt bei vielen Mensch-Pferd-Paaren schon eine Herausforderung dar.

Parken: Das Pferd hält problemlos an der Stelle an, an der das Aufsteigen stattfindet. Im Idealfall hat es gelernt, selbst dort „einzuparken" (seine Hinterhand kommt zum Menschen).

Stillstehen: Das Pferd unterdrückt nun all seine Bedürfnisse nach Bewegung oder Flucht und wartet geduldig den Beginn des Aufsteigens ab.

Aufsteigen: Dieser Vorgang besteht aus weiteren Einzelteilen. Der Mensch setzt den Fuß in den Steigbügel, es kommt Gewicht in den Steigbügel, das Bein wird über die Kruppe geschwungen, der Reiter richtet seinen Oberkörper auf und sitzt in den Sattel ein. Jetzt kommt das volle Gewicht des Reiters auf die „Hängebrücke" Rücken und der zweite Fuß

wird in den Steigbügel gesetzt. Oft folgt dann das Aufnehmen der Zügel. Falls der Reiter eine Gerte in der Hand hält, sorgt diese durch ihre Bewegungen für einen zusätzlichen Reiz beim Pferd.

Warten: Trotz all der Reize während des Aufsteigeprozesses soll das Pferd verstehen, dass die zahlreichen Bewegungen des Menschen keine Bedeutung haben und es trotzdem geduldig stehen bleiben soll.

Losgehen: Das Pferd wartet geduldig auf das Kommando zum Losgehen und bewegt sich erst dann nach vorn. Es hat also gelernt, wann es losgehen soll und wann nicht.

Der Aufsteigeprozess ist also bei genauer Betrachtung alles andere als einfach und besonders aus Sicht des Pferdes komplex und voller Herausforderungen. Der achtsame Reiter beobachtet sein Pferd und analysiert: An welcher Stelle im Prozess sagt das Pferd „Nein", weil es sich unsicher fühlt, es nicht versteht oder es vielleicht sogar nicht kann? Der mögliche Moment, in dem das Pferd Sorge ausdrückt, ist abhängig davon, was es bereits gelernt hat, wozu es körperlich in der Lage ist und welche Erfahrungen es gemacht hat.

Typische Fehler beim Aufsteigen

- **Druck im Maul:** Das Pferd wird am Zügel festgehalten. Erfolgt dies auch noch einseitig, weicht das Pferd unweigerlich mit der Hinterhand aus.

- **Ignorierte Signale:** Pferde drücken frühzeitig durch Ohrenspiel, Muskelspannung oder Kopfbewegungen Unwohlsein aus. Werden diese Zeichen übersehen, wird das Pferd versuchen, sich zum Beispiel über Ausweichen, Loslaufen oder Bocken mitzuteilen.

- **Ungeschick:** Wie geschickt und geschmeidig sich der Reiter in den Sattel gleiten lässt, ist entscheidend. Pflicht: Das Aufsteigen von beiden Seiten üben!

Praktische Tipps für ein entspanntes Aufsteigen

- **Bewusstsein für den Prozess:** Jeder Schritt muss separat geübt werden, bis das Pferd ihn sicher beherrscht.

- **Aufstiegshilfen nutzen:** Je höher die Hilfe, desto angenehmer für den Pferderücken und schonender für das Equipment. Dabei sollte die Aufstiegshilfe massiv und stabil sein. Hocker oder Bierkästen bergen eine enorme Unfallgefahr. Tipp: Touren ins Gelände dafür nutzen, um Aufsteigesituationen zu üben (von einem Baumstamm, Baumstumpf, Felsen usw.).

- **Positive Verstärkung:** Wenn die Schritte so klein gewählt werden, dass das Pferd immer „gewünschtes Verhalten" zeigen kann und dafür ausgiebig belohnt wird, geht es im Training motiviert und schneller voran.

Typische Fehler am Putzplatz

- **Unaufmerksamkeit:** Viele Besitzer sind gedanklich abgelenkt, etwa durch Gespräche mit Stallkollegen oder am Handy, und übersehen die Signale ihres Pferdes.

- **Überforderung:** Zu langes Stehen, Alleinlassen, hektische Bewegungen durch den Menschen oder unangenehme Berührungen beim Putzen können das Pferd stressen.

- **Fehlendes Training:** Stillstehen wird nicht gezielt trainiert, sondern einfach vorausgesetzt.

Praktische Tipps für das Stillstehen am Putzplatz

- **Positive Erfahrungen:** Am Putz- oder Waschplatz sollte gewünschtes Verhalten durch Lob (Futter, Sprache, Berührung oder auch wieder Bewegung) im richtigen Moment (Timing!) bestätigt werden.

- **Fokus:** Bei der Sache sein, selbst Ruhe und keine Hektik vermitteln und das Pferd nicht unnötig lange anbinden. Alles vorbereiten, bevor man das Pferd holt.

- **Möglicher Test:** Wie reagiert das Pferd, wenn es am Putzplatz nicht angebunden ist?

Beispiel 2 – Stillstehen am Anbinde-, Putz- oder Waschplatz

Diese Plätze sollten eigentlich angenehme Orte der Entspannung für das Pferd sein. In der Praxis erlebt der Pferdebesitzer oft das Gegenteil von Entspannung und Stillstand: Scharren, Zappeln, Kopfschlagen, Schnappen, Rempeln oder sogar Losreißen. Das sind Beispiele für symptomatisches Verhalten, das auf ein unzureichendes Training oder schlechte Erfahrung schließen lässt.

Aus der Sicht eines Fluchttiers ist der Putz- oder Waschplatz alles andere als ein sicherer Ort. Das Pferd wird angebunden und damit in seiner Bewegungsfreiheit stark eingeschränkt. Hinzu kommen ungewohnte Reize wie fremde Geräusche oder Gerüche aus der Umgebung, die Anwesenheit oder Abwesenheit anderer Pferde, intensive Berührungen oder zum Beispiel das Anlegen von Equipment, das für das Pferd ungewohnt oder unangenehm sein kann. Der Mensch erwartet vom Pferd, dass es dennoch brav stehen bleibt, obwohl das Pferd aus seiner Sicht heraus allen Grund hat, weggehen zu wollen.

Beispiel 3 – Stillstehen bei der Hufbearbeitung

Die Hufbearbeitung stellt für viele Pferde eine besondere Herausforderung dar. Ein Pferd in freier Wildbahn hat keinen Hufbearbeiter und ist daher von Natur aus nicht dafür konzipiert, längere Zeit auf drei Beinen zu stehen und die Bearbeitung der Hufe geduldig zu ertragen. Das Anheben

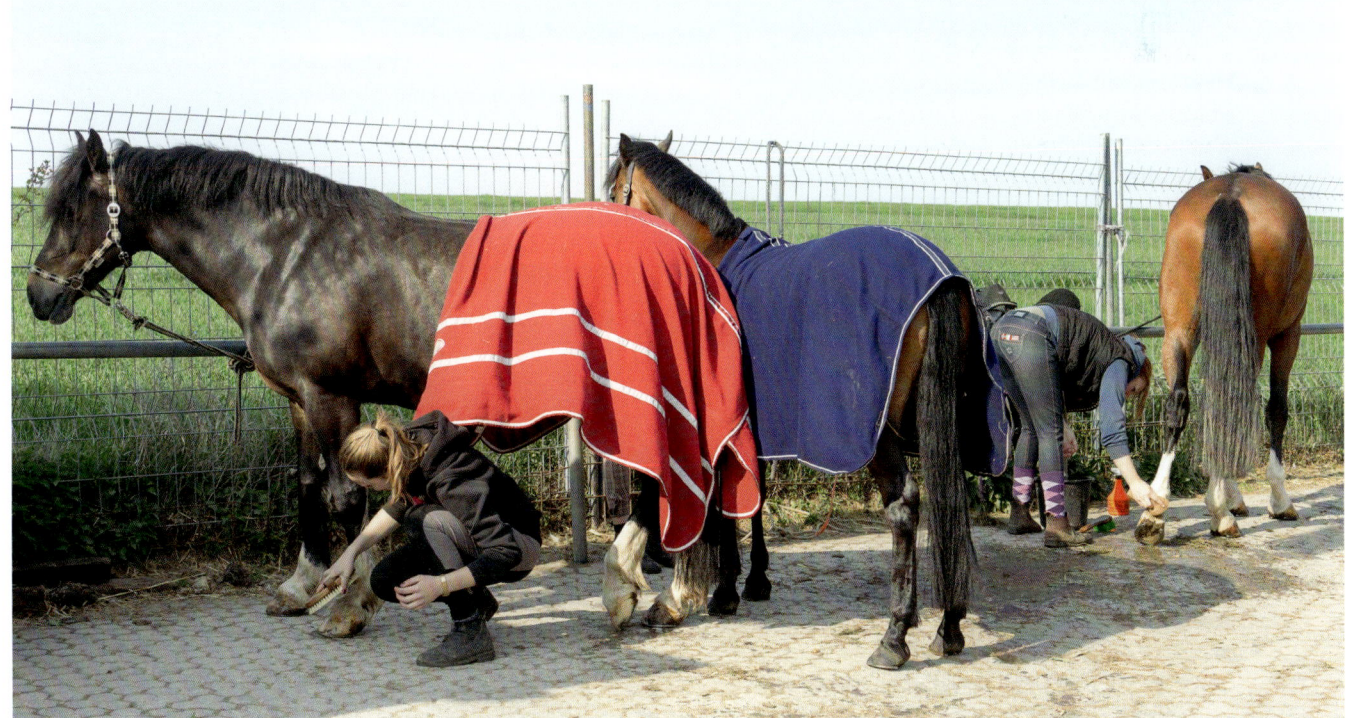

Stillstehen am Putzplatz kann herausfordernd sein für das Pferd wegen ungewohnter Reize und damit einhergehender Überforderung. Zeigt das Pferd Abwehrverhalten, muss der Mensch seine Aktion überdenken. *Foto: Christiane Slawik*

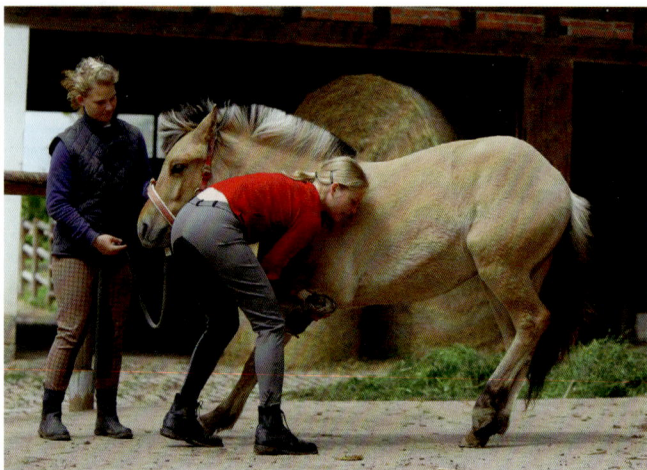

Hufegeben will gelernt sein. Zeigt das Pferd dabei Schwierigkeiten oder Abwehrverhalten, sollte man geduldig bleiben und auf Ursachensuche gehen. *Foto: Christiane Slawik*

eines Hufs bringt das Pferd aus seiner Balance und macht es als Fluchttier anfälliger für potenzielle Gefahren. Hinzu kommen die ungewohnten Reize durch den Hufbearbeiter: Klopfen, Raspeln, Nageln und Geräusche/Gerüche wie das Aufbrennen von Eisen können bei vielen Pferden Ängste auslösen. Ein vorausschauender Züchter übt schon mit dem Fohlen das sogenannte Fohlen-Abc. Dazu gehören unter anderem das Führen, das Anbinden und das Hufegeben. Aber nicht jedes Pferd hat diese Ausbildung gut und nachhaltig durchlaufen, oder es hat zu einem späteren Zeitpunkt im Zusammenhang mit diesem Prozess schlechte Erfahrungen gemacht. Mancher Pferdebesitzer setzt voraus, dass jedes Pferd grundsätzlich gut die Hufe geben kann. Aber dem ist nicht so. Dieses Verhalten ist das Ergebnis von idealem Training und freundlicher Behandlung.

Während das tägliche Hufeauskratzen meist funktioniert, zeigt das Pferd möglicherweise bei der professionellen Bearbeitung Unsicherheiten oder verweigert die Kooperation. Das Pferd wird an den Bearbeitungsplatz geführt und dem Hufbearbeiter, einer dem Pferd vielleicht noch fremden Person, übergeben. Oft werden mehrere Pferde gleichzeitig von einem Bearbeiter-Team versorgt oder stehen an, weil sie noch etwas warten müssen. Bei der Hufbearbeitung ist das Pferd mit unterschiedlichen Reizen und Situationen konfrontiert, die Furcht auslösen können. Das Halten der Hufe dauert vielleicht länger als freiwillig angeboten, tolerierbar oder leistbar. Konzentration ist gefragt, Kraft und Balance gefordert, die Hufe sollen erhöht auf dem Bock platziert werden. Mechanische Reize wie Klopfen, Schneiden

Typische Fehler bei der Hufbearbeitung

- **Unzureichendes Training:** Viele Pferde sind nicht ausreichend auf die Anforderungen vorbereitet und beim Termin zusätzlich durch Ungeduld, Unverständnis und Ärger von menschlicher Seite belastet. Merke: Das Training findet immer vorher statt, der Termin zur Hufbearbeitung ist kein Trainingstermin.

- **Ignoranz gegenüber Stress, Schmerz oder Balanceproblemen:** Was ist die Ursache für das unerwünschte Verhalten? Verspannungen, Schmerzen, fehlende Muskulatur oder schlechte Erfahrungen können die Bereitschaft zum Stillstehen erschweren.

- **Grober Umgang:** Das Überstrecken der Pferdebeine, Strafen von unkooperativem Verhalten oder zum Beispiel Geschrei. Das alles verhindert einen nachhaltigen Lernerfolg.

Praktische Tipps für stressfreie Hufbearbeitung

- **Das Prinzip der kleinen Schritte:** Das schlaue Training beginnt mit dem entspannten Anbinden und endet mit der ebenso entspannten Hufbearbeitung. Wie viele Schritte dazwischenliegen, bestimmt das jeweilige Pferd.

- **Frühzeitig üben:** ohne Druck mit ausreichend Zeit, konzentriert, gern spielerisch mit vielen Pausen und kurzen Einheiten.

- **Balance stärken:** Übungen beispielsweise auf Matten oder Balance Pads fördern die Propriozeption (Körperwahrnehmung) und vermitteln dem Pferd ein sicheres Körpergefühl – die Voraussetzung für die Balance auf drei Beinen.

- **Kommunikation mit dem Hufbearbeiter:** Diese (fremde) Person sollte in das Training mit einbezogen werden. Man kann sich zum Beispiel einem anderen Termin anschließen und um etwas Raum für das Training bitten. Gegen Entgelt wird das sicherlich möglich sein. Stress mit dem Hufbearbeiter verschlechtert die Situation.

- **So einfach wie möglich halten:** Dem Pferd sollten zwischen dem Bearbeiten der einzelnen Hufe kurze Pausen gegeben werden. Die Hufe sollten nur so weit angehoben werden, wie das Pferd es leisten kann. Dieses einfache Vorgehen verringert die Anstrengung für das Pferd und erhöht die Chance, dass das Pferd es „richtig" macht und gelobt werden kann.

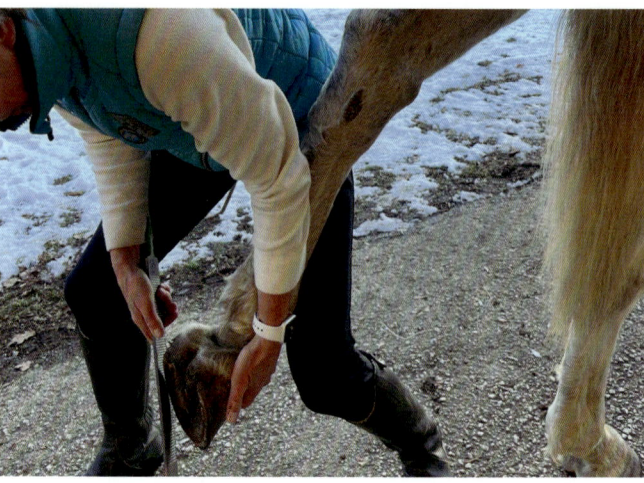

Werden die Gliedmaßen überstreckt oder unphysiologisch unter dem Körper gehalten, kann das zu Abwehrverhalten führen. *Foto: Karen Golz*

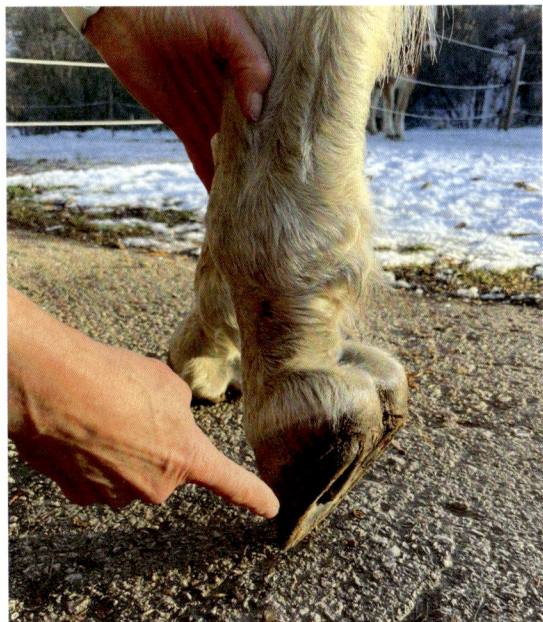

Ist das Aufnehmen des Hufs ein Problem, hilft es, den Huf nur auf der Zehe abzustellen. *Foto: Karen Golz*

und Raspeln können für das Pferd unangenehm sein. Das Aufbrennen und Nageln der Eisen sind wegen des Qualms, der Geräusche und vielleicht sogar Schmerzen besonders Angst einflößend.

Das Pferd reagiert und versucht, sich mitzuteilen. Es zieht den Huf weg oder macht das Bein schwer, dreht sich weg, schnappt, legt die Ohren an, schlägt mit Kopf und Schweif oder rempelt den Bearbeiter an. Korrigiert der Mensch das aus seiner Sicht unerwünschte Verhalten, ohne auf Ursachenforschung zu gehen, ist eine nachhaltige positive Verhaltensänderung unwahrscheinlich.

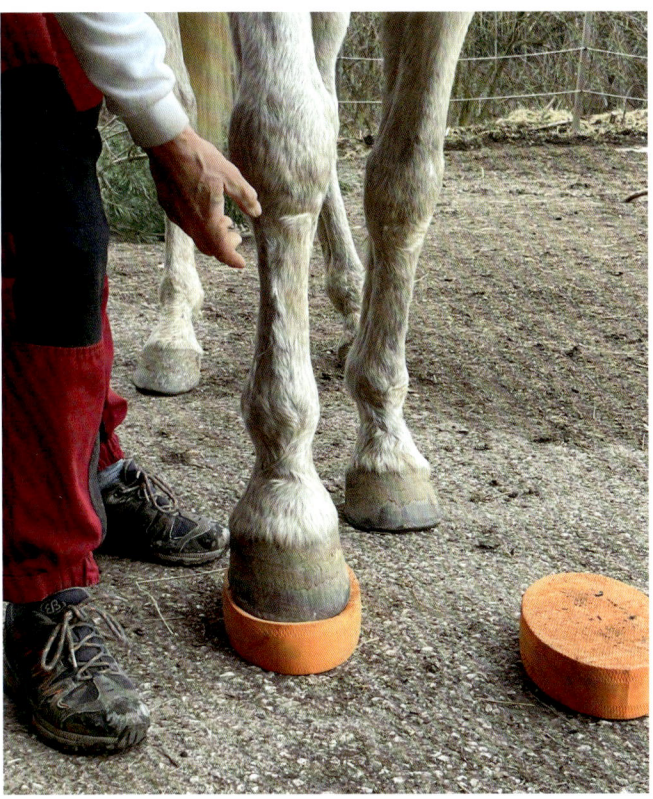

Balance Pads oder Matten können als propriozeptives Training auf die körperlichen Herausforderungen der Hufbearbeitung vorbereiten. *Foto: Karen Golz*

Fazit: Geduld und Training zahlen sich aus

Das Stillstehen und auch das Nicht-Stillstehen sind immer ein Trainingsergebnis. Das Pferd bewertet gemachte Erfahrungen nach dem einfachen Prinzip: „Was habe ich gemacht und wie ist es mir dabei ergangen?" Der Mensch als Trainer sollte dafür sorgen, dass das Pferd diese Frage positiv beantworten kann.

Karen Golz ist Pferdeverhaltenstrainerin und Besitzerin eines P.R.E., den sie selbst ausgebildet hat. Nach dem Motto „Wissenschaftlich basiert denken – spielerisch leicht trainieren" hilft sie Pferdebesitzern in Deutschland und Österreich vor Ort und online weltweit, das Verhalten ihrer Tiere zunächst zu verstehen, um dann wirksame Trainingsschritte zu etablieren. Mit dem Projekt „Kompetenz-Zirkel Pferd" setzt sie sich zusammen mit vielen Experten für Wissensvermittlung zum Wohl der Pferde ein. Einmal pro Woche erscheint seit über zwei Jahren eine kostenlose Podcast-Folge zu unterschiedlichen Themen.
www.golz-ps.at

CALIFORNIO

Reitkunst zwischen Mythos und Realität

von Martin Haller

Seit einigen Jahren hat sich im weiten Feld der „Westernreiterei" eine kleine, aber publikumswirksame und historisch interessante Sparte etabliert, die man mit der Barock-Klassik-Strömung in der Dressurreiterei durchaus vergleichen kann. Sie nennt sich „altkalifornische" oder „Vaquero-Reitweise" und wird oberflächlich an ihrem bekanntesten Ausrüstungsgegenstand festgemacht: der Hackamore, oft auch nur Bosal genannt. Doch was macht diese spezielle Reitweise aus, woher kommt sie und was hat sie beeinflusst?

Foto: Martin Haller

Historisches Gemälde von James Walker.
Foto: Martin Haller

Genau wie in der „klassischen Barockreitkunst" wird tief in der Historie gegraben, nach Hinweisen und Beweisen gesucht, nach Literatur und Zeitzeugnissen, doch selten wird man fündig. Aber einige Überlieferungen geben Rückschlüsse auf die Entstehung der altkalifornischen Reitweise.

ÜBERS MEER UND DIE BERGE

Das Pferd wurde vermutlich zuerst von spanischen Konquistadoren um bzw. ab 1500 erneut auf den amerikanischen Doppelkontinent eingeführt (es war als Wildpferd dort ausgestorben). Die ersten Schiffsladungen brachten iberische Pferde in die Karibik, wo umgehend Gestüte entstanden. Jamaika war eine züchterische und reiterliche Hochburg der ersten Stunde. Der „amerikanische, berittene Rinderhirte" als Archetyp entstand dort, wo endlose Weideflächen verfügbar waren, die man sich aneignen konnte. Als die spanischen Missionare im späten 18. Jahrhundert in mühseligen Trecks über die kargen

Feine
HILFEN

Vaqueros (Rinderhirten) waren die Vorläufer der modernen amerikanischen Cowboys. Der Name Vaquero (ausgesprochen „va-KEH-roh") wurde, so wie viele andere in der Übersetzung verfälscht. Die amerikanische Version ist *Buckaroo* (ausgesprochen „BACK-ä-ruh") und wird oft synonym verwendet. Doch Vorsicht: Es gibt einen Gelehrtenstreit darum, was ein Californio, Vaquero, Buckaroo oder Cowboy sein soll oder darf. Foto: Martin Haller

und -mast haben sich in Texas unter dem Einfluss der „modernen, europäischen" Denkweise ab dem Ende des Sezessionskriegs drastisch geändert. Schnelle Generationsfolgen und Masterfolge mit intensiver Haltung/Fütterung und mastfähigen Rassen wurden angestrebt. Damit änderten sich die Anforderungen an die Reiter und ihre Pferde – und damit auch an deren Ausbildung. Man kann sagen, dass in Texas und den nordöstlich davon liegenden Bundesstaaten die klimatischen und wirtschaftlichen Umstände und mentalen Eigenschaften zu einer Verdrängung der iberischen Reitweise und Lebensform nach Westen führten, wo sie bis heute überdauerten.

Der König von Spanien gewährte seinen loyalen Untertanen ganze Landstriche als Grundlage der mexikanischen Haziendas und kalifornischen Ranchos – und des bis Ende des

19. Jahrhunderts üblichen Lebensstils. Auf diesen riesigen Ranches wurden halbwilde und gefährliche Longhorns mit dem hitzigen Temperament ihrer iberischen Vorfahren vermehrt. Sie zu hüten und zu treiben erforderte ein gut trainiertes Pferd, das eine einzelne Kuh von ihrer Herde zum Brandmarken trennen konnte – und dies möglichst gefahr- und mühelos. Es war oft heiß und staubig, harte körperliche Arbeit war nicht gerade die Lieblingsbeschäftigung des typischen Vaqueros – und man hatte Zeit, viel Zeit. So entwickelte, bewahrte oder adaptierte der Vaquero ein System zur Ausbildung von Arbeitspferden, das für seine Eleganz, Präzision und Differenziertheit berühmt wurde. Die Wurzeln seiner Reitweise lagen in der europäischen (iberisch-italienischen) klassischen Dressur, einem System zur Ausbildung von beeindruckenden Pferden für Parade und Krieg, die dem Reiter ein echter Partner waren.

Sierras nach Kalifornien kamen, waren die spanischen *Vaqueros* in anderen Teilen Amerikas seit Langem etabliert und reisten mit ihnen, da man Rinder als Proviant und wirtschaftliche Basis einer neuen „Ranch-Industrie" brauchte.

Ein Mythos besagt, dass die gepflegte Reitweise der Vaqueros – oder eben Californios – im Sonnenstaat Kalifornien entstand, wogegen die grobe Reiterei der „Texas Cowboys" dort wurzelt, wo nordeuropäische Amateure pfuschten. Hier muss man fragen, ob es sich um ein geografisches, zeitliches oder ökonomisches Phänomen handelt. Texas war lange vor der spanischen Besiedlung Kaliforniens ein Teil Neuspaniens und Mexikos und unterlag denselben kulturellen Trends wie etwa das spätere Mexiko. Man muss annehmen, dass die hippologische Entwicklung dort parallel verlief und die Viehzucht ganz ähnlich ablief. Erst mit der gewaltsamen Eingliederung von Texas in die USA und dem einsetzenden Zustrom der „Anglos" (Europäer, Neo-Amerikaner) ab etwa 1840 dürfte die alte Reitweise verwässert worden sein. Dieser Prozess muss sich über viele Jahre hingezogen haben und ist vermutlich nie endgültig geworden. Die Rinderzucht

Historisches Foto eines Buckaroos. Foto: Martin Haller

Feine
HILFEN

Zu dieser Zeit dauerte die Ausbildung eines perfekten Rinder-Pferdes insgesamt fünf bis sieben Jahre, oft länger. Die Ausbildung konnte nicht von jedem Vaquero ausgeführt werden, und diese Pferde waren aufgrund der Schwierigkeit und Dauer des Trainings und ihrer Seltenheit besonders wertvoll. Ein solches Pferd konnte mit winzigen Bewegungen der Finger der linken Hand, die über dem Sattelhorn schwebte, dirigiert werden. Einige der frühen Trainingsmethoden würden aber zweifellos vom modernen *Buckaroo* gemieden werden, der diese Ausbildung weiterentwickelt hat, um im Sinne des *Horsemanships* mehr Rücksicht auf das Pferd zu nehmen – insofern hat sich sogar eine Verfeinerung ergeben.

„Was ich immer wieder feststelle, ist, dass alle Pferde dieses System akzeptieren und verstehen, ohne dass es mit ihnen eingeübt oder ihnen beigebracht werden muss. Sobald der Reiter die Prinzipien verstanden hat und konsequent umsetzt, reagiert das Pferd auf das kleinste Signal, das er sendet. Dieses System ist für das Pferd so intuitiv, dass sich die Beziehung zu jedem Pferd positiv verändert, sobald der Reiter lernt, innerhalb der Parameter zu arbeiten."

(Bruce Sandifer)

DAS WERKZEUG

Neben der Kleidung, die vielen folkloristischen Variationen unterliegt und lediglich ein äußeres Symbol einer inneren Begeisterung bleibt, und dem zwar recht typischen, aber aufwendigen und in Europa doch etwas exotischen Sattelzeug sind es drei Werkzeuge, die in der Ausbildung des Vaquero-Pferdes die größte Rolle spielen: die Garrocha, die Reata und die Hackamore.

Die Vaqueros in Spanien und Portugal benützten die **Garrocha,** eine stumpfe Lanze, um das Vieh zu treiben und zu dirigieren. In vielen Regionen Südamerikas blieb die Lanze als Waffe und als Werkzeug erhalten.

Früher wurden Rinder mit der Medialuna zu Fall gebracht, einer Lanze mit halbmondförmiger Spitze. Die gefürchteten Gaucho-Regimenter trugen Lanzen statt Schusswaffen. In Mexiko entwickelte bzw. bevorzugte man die Reata, ein Seil aus Rohleder oder Sisal mit einer gleitenden Schlinge, das auf dem Pferd bequemer und vielseitiger einsetzbar war. Heute ist es als Lasso bekannt. Diese Art des Ropings (Fangen mit dem Lasso) unterscheidet sich erheblich von den modernen Rodeodisziplinen, bei denen man Rinder in engen Arenen jagt und fängt. Wenn ein Cowboy auf der Weide Rinder auf die gleiche Weise fangen würde, verbrächte er sehr viel Zeit damit, die Herde wieder zusammenzutreiben.

Die **Reata** ist ein sensibles Werkzeug, kapriziös und fragil wie eine Dame – wer sie achtlos behandelt, den lässt sie im Stich. Sie will ruhig und achtsam über das Rind gelegt werden, ohne Unruhe oder Aggression aufkommen zu lassen. Genau dazu braucht es ein enorm rittiges Pferd. Egal ob Lasso (Synthetik oder Sisal) oder Reata

Ein typischer Vaquerosattel: hohe schmale Fork, tiefer, harter Sitz, zentrale Bügelaufhängung. Foto: Martin Haller

(Leder), es macht großen Spaß, diese Kunst im Ansatz zu erlernen – auch ohne lebende Kuh.

Die Reata – eines der wichtigen Werkzeuge der Vaqueros. Foto: Martin Haller

Feine
HILFEN .

Leichte und feine Hilfen zeichnen diese Reitweise aus. Foto: Philip Broos

Feine
HILFEN

Das Spatengebiss sieht etwas grob aus, ist jedoch ein wichtiges Präzisionswerkzeug für die feinen Hilfen der altkalifornischen Reitweise. Foto: Martin Haller

Die **Hackamore** („häck-a-mor") ist wieder modern geworden. Viele Westerntrainer der ersten Stunde besinnen sich ihrer jugendlichen Anfänge mit diesem eigenwilligen Zaum, der historisch schwer zu fassen ist. Vermutlich geht sie auf das Kamelhalfter der Beduinen zurück, das Jaquima heißt. In Amerika wurde es statt eines metallenen Kappzaums von den Indios eingesetzt, die den Umgang damit perfektionierten und ihren iberischen Bossen beibrachten – oder umgekehrt, je nachdem, auf welcher Seite des Zauns man steht.

Die **Jaquima** besteht aus drei Teilen:

· einem geflochtenen Nasenriemen aus Rohleder, Bosal genannt

· einer Mecate, ein 22 Fuß (ca. sieben Meter) langer Seilzügel, der traditionell aus geflochtenem Pferdemähnenhaar hergestellt wird

· einem schmalen Kopfriemen, der das Bosal auf der Nase des Pferdes hält

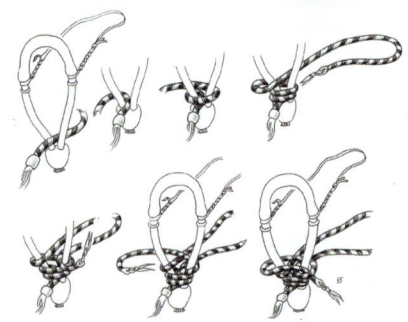

Die Mecate wird mit einem Knoten am Bosal befestigt, der für die Anpassung und Brauchbarkeit dieses Systems entscheidend ist – und der für viele Reiter ein Mysterium ist (und die deshalb die Hackamore meiden). Foto: Martin Haller

Die Vaqueros beginnen mit der Jaquima. Nach und nach lernen die Pferde, auf einfache Gewichts-, Bein- und Zügelhilfen sensibel zu reagieren, und über mehrere Jahre hinweg erreichen sie (hoffentlich) die nächsten Stufen. Diese sind die Two-Rein-Phase mit der Betonung auf einer sehr dünnen Hackamore (Bosalito) und letztlich dem Stadium des Spatengebiss-Zaumzeugs (Full-up Bridle Horse).

Aufgrund der dafür benötigten Ausbildungszeit von mehreren Jahren ist dies nicht jedermanns Sache, aber jeder Reiter könnte davon profitieren – wenn auch im kleinen Rahmen. Das Aussehen, das Gefühl und die Haltung eines Vaquero-Pferdes unterscheiden sich völlig von jenen eines konditionierten, unterdrückten Pferdes (erlernte Hilflosigkeit). Diese Gebissart ist nämlich ein *Signal Bit*. Durch die unbeweglichen Seitenteile bemerkt das Pferd schon minimale Signale an den Lippen, bevor der Kinnriemen wirkt und die Hebelwirkung einsetzen kann. Das Pferd kann es durch seine besondere Beschaffenheit und ideale Abstimmung von Mundstück, Kinnriemen und Seitenteilen auf der Zunge balancieren. Übrigens verwendet der Vaquero stets nur einen weichen Kinnriemen statt einer Kinnkette, denn es wird keine Hebelwirkung angestrebt. Ein gut ausgebildetes *Bridle Horse* versucht den Kontakt zum Gebiss aufrechtzuerhalten, um so auf die kleinste äußere Einwirkung reagieren zu können. Man nennt das *„packing the bit"*, was bedeutet, dass es gelernt hat, die Balance seines Gebisses herzustellen, sich in der entsprechenden Haltung wohlfühlt und perfekt reagiert.

„Für mich ist der entscheidende Unterschied, dass im Sport überwiegend abgerichtete Pferde zu sehen sind, die die Manöver und Aufgaben auswendig gelernt haben. Das kalifornisch gerittene Pferd soll jedoch flexibel und verlässlich in unerwarteten Situationen reagieren können. Wer mit dem Rind arbeitet, rechnet damit, dass es angreift oder plötzlich abhaut. In solchen Situationen muss das Pferd differenziert, gehorsam und schnell reagieren können. Das erreicht man nicht durch Einpauken, das hat mit Vertrauen, Timing und Balance zu tun."

(Ernst-Peter Frey, Schüler und Co-Trainer des legendären Jean-Claude Dysli)

BASICS – RUND UND ECKIG

Die Grundlagen für das Erlernen der rudimentären Kommunikation liegen traditionell im Stall, Picadero und/oder Roundpen – entweder geführt vom Rücken eines anderen Pferdes aus oder vom Boden. Dies gibt Mensch und Pferd die Zeit, sich gegenseitig einzuschätzen

Feine
HILFEN

und Vertrauen zu bilden. Dabei ist es von zentraler Wichtigkeit, dass das Jungpferd die Wirkung über den Kopf und nicht über das Maul kennen, verstehen und befolgen lernt. Es gibt eine Minderheit von Pferden, die nicht das Talent für Hackamore-Ausbildung haben. Sie sollten in einer normalen Trense oder einem Kappzaum ausgebildet werden, wobei man sie später immer wieder mal testen kann. Das gilt auch für Reiter, doch manche lernen es nie.

In Spanien war der Picadero, ein quadratischer Korral von ca. 7,5 Meter Seitenlänge, ein übliches Ausbildungsmittel. Nun überrascht es nicht, dass die Mecate traditionell auch etwa diese Länge hat, denn sie ist ja der Handzügel der Grundschule. Die vier Ecken helfen dem Menschen enorm, denn sie bringen das Pferd auf die Hinterhand, setzen ihm eine ständige Grenze und machen es wendig.

Die Bodenarbeit wird mit einer schweren, stabilen Hackamore durchgeführt, deren Mecate zu einer kurzen Longe gebunden ist, oder neuerdings auch mit einem Knotenhalfter. Nach dem Abschluss der Bodenarbeit wird die Mecate als Zügel verwendet. In der Grundschulphase werden Jungpferde ohne dauernde Anlehnung und nur mittels kurzer weicher Signale an einem Zügel geritten. Auch ausgewachsene Pferde werden zur Umschulung oder Korrektur mit der Hackamore geritten, damit sie von der Kontrolle über das Maul wieder „wegdenken" lernen.

Das Reiten über einen Zügel, der das Hauptsignal gibt und durch den Gegenspieler lediglich „verwahrend unterstützt" wird, ist das vermutlich wichtigste Prinzip der ganzen Ausbildung. Kommt man zum gleichzeitigen, beidseitigen Ziehen, hat man verloren! Nach ein paar Zugwettkämpfen hat jedes Pferd begriffen, dass es mit steifem Hals die Kontrolle übernehmen kann, und damit ist das Kartenhaus zusammengebrochen, der Reiter ist unglaubwürdig geworden.

Viele Jahre lang wurde die Reitweise der Californios lebendig gehalten und vom Vater an den Sohn oder vom Vormann an seine Cowboys weitergegeben. Aber dank

Die Hackamore erzieht den Reiter weit mehr als das Pferd zu Disziplin, Sensibilität, Schnelligkeit und Weitblick. Sie ist das ideale Instrument zur feinen Einstellung, auf dem nur mit gut getimten halben Paraden gespielt werden kann. Das Entlassen aus den Hilfen auf Ehrenwort ist die Folge und das Endziel der Ausbildung.
Foto: Martin Haller

moderner Vaqueros/Buckaroos wie Tom und Bill Dorrance, Ray Hunt, Mike Bridges, Martin Black, Jeff Sanders, Buck Brannaman und anderer wurde sie auch Außenstehenden bekannt. Durch Seminare, Bücher und Lehrfilme ist das Bewusstsein für die Vorteile ihrer Methoden enorm angewachsen. Am Ende des Beitrags gebe ich einen kleinen Überblick zur nützlichen Literatur.

Das häufige Lamento, dass man keine authentischen Quellen oder lebenden Beispiele habe, um die „alte Reiterei" erlebbar zu machen, kann ich nicht nachvollziehen. Zum einen gibt es eine relativ ungebrochene Tradition in den entlegenen Gebieten der westlichen USA, andererseits lebt in Mexiko und anderen südamerikanischen Ländern, die zeitgleich eine identische Entwicklung durchmachten, die alte Reitweise fort – wenn auch angepasst an ihre jeweiligen Verhältnisse. Man kann diese Länder bereisen und ihre Reiter beobachten, überall Seminare oder Reitkurse buchen und sich inzwischen sogar im Internet mit Infos versorgen. Dass manches kritisch hinterfragt werden darf, versteht sich von selbst. Aber auch um 1600 war nicht jeder Hidalgo oder Vaquero ein superber Meister – es wird auch damals Künstler und Handwerker gegeben haben. Zudem hat sich in den letzten Jahren eine Reihe von Praktikern vom Sattel an den PC begeben und sehr nützliche Bücher zum Thema verfasst.

„Die wahre Californio-Methode, oder was meiner Meinung nach daraus wurde, ist eine auf Gleichgewicht basierende Methode. Der Unterschied ist: Andere Systeme basieren auf Druck und Entspannung; das Pferd gibt diesem Druck nach und wird belohnt – im besten Fall. Bei einer Balance-Methode entsteht ein Signal, wenn der Reiter seinen Körper und seine Ausrüstung (Gebissbalance) ohne Spannung leicht aus dem Gleichgewicht bringt. Das Pferd gibt dem nach, indem es das Gleichgewicht und die Erleichterung findet, die in die Ausrüstung und den Körper des Reiters eingebaut sind. Wenn das Pferd richtig geritten wird, entsteht Druck nur dann, wenn es nicht auf die Gleichgewichtsveränderung achtet."
(Bruce Sandifer)

Martin Haller ist österreichischer Journalist und Fachbuchautor. Er lebt bei Stainz/Steiermark. Umfangreiche Seminar- und Vortragstätigkeit und Studienreisen im In- und Ausland sind das Tätigkeitsfeld des Hippologen. Seit 1982 erfolgten Beiträge in Wort und Bild in rund 30 hippologischen Zeitschriften weltweit. Ab 1992 entstanden zahlreiche Fachbücher über Tiere (Pferde, Hunde, Rinder, Nutztiere allgemein), Sport und britische Geschichte in namhaften Verlagen.

Literatur

Alfonso Aguilar, Feine Kommunikation mit dem Bosal
Ed Conell, Hackamore Reinsman
Ed Conell, Reinsman oft the West
Ed Conell, Vaquero Style Horsemanship
Hardy Oelke, Vaquero!
Arnold R. Rojas, These were the Vaqueros
Jeff Sanders, The California Hackamore Horse
Jeff Sanders, The California Two-rein & Bridle
Kai Wienrich, Die kalifornische Hackamore
Kai Wienrich, Das Bridle Horse

Die wahren Schätze des Lebens
offenbaren sich im Augenblick.
Wir zeigen dir, jeden Augenblick
bewusst zu leben,
und öffnen dir die Augen
für die Wunder des Moments.

Foto: Christiane Slawik

SICHER IST SICHER

Verletzungsrisiken erkennen und minimieren

von Lisa Kittler

Ein Heuwender steht eingewachsen auf der Koppel. Die Zaunlitze ist alle zwei Meter provisorisch geflickt und flattert durch die Gegend. Ein paar Pfähle stehen windschief oder sind schon umgefallen. Auf dem Reitplatz ist der erste Hufschlag wadentief und es staubt wie in der Sahara. Am Putzplatz liegen leere, kaputte Futtereimer herum und der Wasserhahn tropft in einer Tour, sodass im Winter eine lange Schlitterbahn in seiner Nähe entsteht. Die Pferde prügeln sich wieder heftig um das Heu, weil nicht genügend Fressplätze für alle vorhanden sind. In den Unterstand gehen die meisten Pferde nicht mehr, weil der ranghöchste Wallach den einzigen Eingang blockiert.

Negativbeispiel

Herumliegende Reifen, bis zum Boden reichende Heunetze und wenig robuste Kunststoffpfähle sorgen für viel Verletzungspotenzial. So sollte Pferdehaltung nicht aussehen. *Foto: Lisa Kittler*

PLANUNG UND BERATUNG

Bevor man einen bestehenden Hof übernimmt oder einen neuen Stall baut, sollte man seinem Bedarf entsprechend genau planen. Dies schließt im besten Fall eine oder mehrere Beratungen durch erfahrene Fachleute mit ein. Die allgemeinen Richtlinien zur Pferdehaltung geben nur grobe Anhaltspunkte bezüglich der Mindeststandards. Es lohnt sich daher, vom jahrelang aufgebauten Wissen der Fachleute zu profitieren. Zusätzlich zu den vielen Onlineangeboten kann man sich im Bekanntenkreis der Pferdeleute umhören. Erprobte Tipps, etwa wie viele Heuraufen für wie viele Pferde eingeplant werden oder wie breit ein Laufweg im Paddocktrail mindestens sein sollte, sind mehr wert als theoretische Richtwerte. So spart man sich negative Erfahrungen wie Verletzungen durch Keilereien an Engpässen und teure Umbauten. Allgemein ist zu empfehlen, das Raumangebot für die Pferde so groß wie möglich zu gestalten. Sind nur begrenzte Möglichkeiten vorhanden, ist die Anzahl der Pferde entsprechend der Fläche zu reduzieren. Besonders dort, wo Ressourcen wie Heu, Wasser, Gras, Salzleckstein oder ein Unterstand zu finden sind, brauchen Pferde Platz zum Ausweichen. Durch die von Menschen bestimmte Herdenkonstellation können Spannungen entstehen, da die Pferde sich ihre Artgenossen nicht aussuchen können. Das Verletzungsrisiko steigt, wenn

Diese Beschreibung klingt übertrieben und an den Haaren herbeigezogen? Dann sind Sie einen gut organisierten Stall gewöhnt. Leider entspricht die Realität auf vielen Pferdehöfen eher oben genanntem Beispiel. Die meisten Unfälle und Verletzungen von Pferd und Mensch entstehen wegen falscher Planung der Haltungsform oder mangelnder Pflege der Anlagen. Doch wie lassen sich Verletzungsrisiken minimieren, ohne dass viel Personal, Zeit und Geld in die Hand genommen werden muss? Denn unbegrenzte Mittel sind nirgends vorhanden, vor allem, wenn man die preislichen Entwicklungen der letzten fünf Jahre beobachtet.

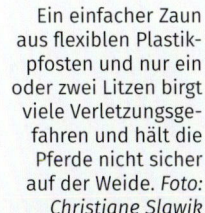

Negativbeispiel

Ein einfacher Zaun aus flexiblen Plastikpfosten und nur ein oder zwei Litzen birgt viele Verletzungsgefahren und hält die Pferde nicht sicher auf der Weide. *Foto: Christiane Slawik*

Hier können nur gute Pferdefreunde zusammen an der kleinen Futterstelle in der Ecke stehen. Zu wenig Platz zum Ausweichen verursacht Stress in der Herde. *Foto: Lisa Kittler*

nicht genügend Ausweichmöglichkeiten für alle Herdenmitglieder vorhanden sind. Sackgassen, Engpässe oder nur ein Aus- oder Eingang sind bei Herdenhaltung zu vermeiden, denn sie bergen gro-ßes Gefahrenpotenzial. Gleiches gilt bei Boxenhal-tung: Liegt der Heuplatz zu dicht am ungeliebten Nachbarn, kann es passieren, dass dieser über die Abtrennung beißt oder an die Trennwand tritt.

Alle benötigten Ressourcen sollten für alle Her-denmitglieder zugänglich sein – auch für das rang-niedrigste! Wenn beispielsweise nicht alle Tiere ans Heu kommen, entsteht Futterneid und damit verbundene Beiß- oder Tretattacken. Am Fress-platz sollte großzügig Platz vorhanden sein. Gibt es keinen Streit um das Heu, kann die Herde bei Bedarf vergrößert werden. Bemerkt man vermehr-ten Stress, ist es sinnvoll, die Herde zu verkleinern, um eventuelle Verletzungen zu vermeiden.

LANGLEBIGKEIT UND REGELMÄSSIGE PFLEGE

Für den Bau oder Umbau einer Stallanlage emp-fiehlt es sich, trotz höheren Kosten hochwertige Materialien oder Produkte zu wählen. Der Satz „Wer billig kauft, kauft zweimal" bewahrheitet sich bei

fast allen Anschaffungen. Zudem bergen qualitativ hochwertiger Produkte oft weniger Verletzungsri-siken. Neben der soliden Bauweise von Heuraufen, Wassertränken, Unterständen oder Boxen ist vor allem die sichere Umzäunung von Koppeln oder Paddocks ein Garant für unversehrte Pferde. Man sollte dafür massive Holz- oder Metallpfosten für die Pferdehaltung verwenden. Sie verwittern kaum

Stabile Pfosten mit ordentlich gespannten Seilen auf verschiedenen Höhen lassen bei dem Schimmel keine Ausbruchsgedan-ken aufkommen. *Foto: Lisa Kittler*

und gehen nicht gleich kaputt, wenn ein Pferd dagegenstößt. Günstigere Kunststoffpfähle hingegen brechen schnell durch, vor allem bei längerem Gebrauch oder Minustemperaturen. Dabei können gefährlich spitze Stellen entstehen, die schwerwiegende Verletzungen hervorrufen.

Nach dem richtigen Aufbau ist eine regelmäßige Pflege der Umzäunung entscheidend für die Sicherheit der Pferde. Selbst das leitfähigste und hochwertigste Weidezaunseil kann nur Strom durchleiten, wenn der Bewuchs vom Zaun entfernt wird und Enden sowie Griffe ordentlich verknüpft sind. Zusammengeknotete Litzen oder kaputte Griffe sowie Isolatoren haben nahezu keine Leitfähigkeit mehr.

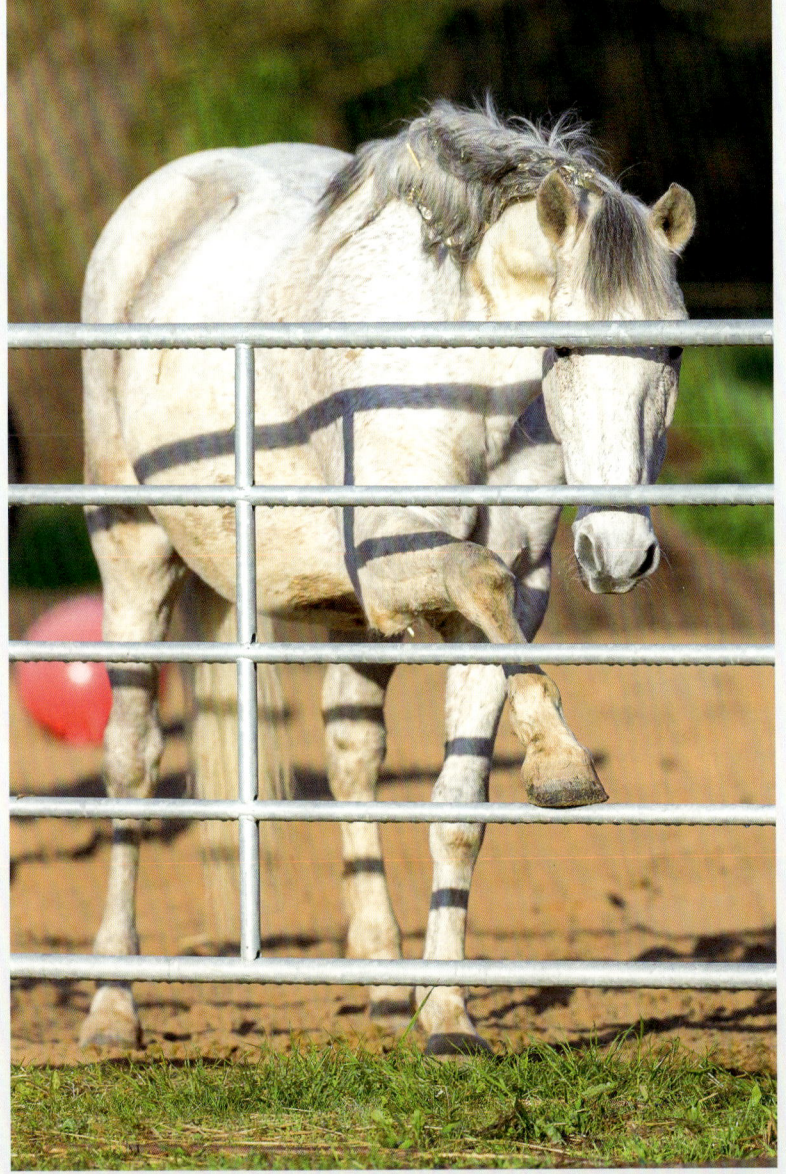

Selbst professionelles Equipment kann eine Gefahrenquelle sein. Regelmäßiges Prüfen und Warten der gesamten Anlage sind daher Pflicht. Foto: Christiane Slawik

Genügend Weidezaunseile, gespannt in passenden Abständen (viele Pferde „tauchen" eher unter dem Zaun durch als dass sie drüberspringen), halten die Pferde sicher hinter der Umzäunung. Dies ist wichtig, denn ein Großteil der Verletzungen bei Pferden entsteht bei Ausbrüchen: durch Pferde, die nicht zusammenpassen und sich jagen, bei Zusammenstößen mit Fahrzeugen oder durch Ausrutschen auf für das Pferd unbekannten Untergründen.

Doch nicht nur die Weide benötigt ständige Wartung. Regelmäßige Pflege brauchen ebenfalls die Böden von Reitanlagen (Halle, Sandplatz, Round Pen usw.). Dazu sollten die Böden regelmäßig abgezogen und in Trockenphasen gewässert werden. So werden sie weder zu tief noch zu fest oder staubig. Die Atemwege von Pferd und Mensch bleiben gesund, Sehnen und Bänder oder Gelenke werden nicht überbelastet. Wird auf Naturböden trainiert, sollte man auf Steine oder Löcher durch Maulwürfe, Mäuse oder Füchse achten. Ein Pferd oder Mensch könnte sich ansonsten bei der Bodenarbeit verletzen und langwierige Sehnenverletzungen oder Bänderüberdehnungen davontragen.

Doch selbst wer nach bestem Wissen geplant oder sogar neu gebaut hat, wird erkennen, dass sich manche Gefahrenquellen erst im Laufe der Benutzung zeigen. Die gesamte Stallanlage und besonders alle für Pferde zugänglichen Bereiche müssen daher ständig überprüft und bei Bedarf ausgebessert werden. Eine sichere Pferdehaltung ist ein lebenslanges Projekt und niemals abgeschlossen.

ABSPRACHE UND RÜCKSICHTNAHME

Ein unterschätztes Verletzungsrisiko entsteht bei fehlender oder unzureichender Kommunikation. Eine WhatsApp oder Sprachnachricht ist nicht der richtige Weg, um Absprachen zu wichtigen Themen zu treffen. Informationen geraten nicht selten durcheinander oder werden falsch verstanden. Im Krankheitsfall eines Pferdes sollte man immer mit den involvierten Personen persönlich sprechen. Oftmals steht und fällt die Genesung des Pferdes mit der korrekten Umsetzung des Haltungs- und Rehaplans. Wird beispielsweise ein Pferd mit Sehnenschaden zu früh wieder in die Gruppe gelassen, kann die vermehrte Bewegung die Heilung verzögern. Ebenso wichtig ist eine ehrliche Kommunikation. Sind Schwierigkeiten oder Unarten nicht bekannt, können Verletzungen nicht vermieden

Hat das Pferd mal zu viel Energie, ist es sinnvoll, die anderen Hallen- oder Reitplatzbenutzer vorzuwarnen und so Unfälle zu vermeiden. *Foto: Lisa Kittler*

werden. Weiß der Stallbetreiber etwa bei der Eingliederung eines neuen Pferdes nicht, dass es gern austritt, kann er nicht darauf hinweisen, dass die Eisen an den Hinterhufen vor der Eingliederung in die Herde abgenommen werden sollten. Denn ein Tritt mit Beschlag birgt deutlich höhere Verletzungsrisiken als ohne.

Absprachen der Pferdebesitzer untereinander sowie gegenseitige Rücksichtnahme im gesamten Stallalltag sorgen für Sicherheit und minimieren Gefahren. Bemerkt man zum Beispiel, dass das Pferd beim Putzen schon sehr energiegeladen ist, liegt der Verdacht nahe, dass es beim Reiten plötzlich losrennt oder sogar buckelt. Ist zu diesem Zeitpunkt bereits ein frisch angerittenes Jungpferd oder ein unerfahrener Reiter in der Bahn, kann die Situation brenzlig werden. Ein kurzer Austausch vor dem Betreten der Halle oder des Reitplatzes hilft allen Beteiligten.

Zur gegenseitigen Rücksichtnahme gehört auch ein ausreichender Abstand der Pferde zueinander – egal ob am Putzplatz, in der Stallgasse oder in der Reitbahn. Auch wenn sich die Pferde in der Herde gut verstehen, kann eine andere Umgebung oder die Anwesenheit eines Menschen ein anderes Verhalten hervorrufen. Tritte oder Bisse sind die Folge, wenn kein ausreichender Individualraum gelassen wird. Achtsamkeit und gegenseitiger Respekt erleichtern allen Beteiligten das Leben.

Bei Nichteinhaltung der Grenzen sollte die betroffene Person darauf angesprochen werden.

DER SICHERE PFERDEBESITZER

Ein in allen Situationen wichtiger Garant zur Verletzungsvermeidung ist ein sicherer Pferdebesitzer: sicher im Wissen rund um das Thema Pferd und sicher im Umgang mit dem Tier. Die wenigsten sind mit Pferden aufgewachsen und haben das Wissen „mit der Muttermilch" erhalten. Zudem gibt es laufend neue Erkenntnisse in der Pferdewelt, daher ist es unerlässlich, sich ständig aus- und weiterzubilden. Das umfasst sowohl theoretisches als auch praktisches Wissen in verschiedensten Themenbereichen. Ein wichtiger Baustein ist die Kenntnis über Anatomie sowie Bewegungslehre. Mit diesem Hintergrundwissen kann man beurteilen, welche Ausrüstung am oder welche Utensilien beim Pferd ohne Verletzungsrisiken verwendet werden. Neueste Gebisskreationen etwa oder Ausbindemöglichkeiten, die nicht dem Pferdewohl dienen, zieht man so gar nicht in Erwägung. Dadurch werden Verletzungen in der Maul- und Kieferregion vermieden, aber auch psychischer Stress des Pferdes wird vermindert. Ein gestresstes Pferd im Fluchtmodus ist sicherlich eine große Gefahr und birgt ein hohes Verletzungsrisiko.

Bei der Vielzahl an Ausrüstungsmöglichkeiten ist nicht immer klar, wann wie was und warum sinnvoll genutzt wird. Eine ständige Weiterbildung (mithilfe von Kursen, Workshops oder Webinaren) sorgt für Klarheit. *Foto: Lisa Kittler*

DAS SICHERE PFERD

Ein sicherer und tiergerechter Umgang mit dem Pferd ist essenziell. Mit einem sicheren Pferd lassen sich selbst brenzlige Situationen lösen. Eine gute Ausbildung beim Pferd hilft daher, Unfälle zu minimieren. Eine solide Grundausbildung sorgt für ein sicheres Pferd. Hier wird die Basis

Bleibt ein Pferd jederzeit auf die entsprechenden Signale hin stehen und kann warten, lassen sich viele Gefahrensituationen vermeiden oder lösen.
Foto: Lisa Kittler

für alle weiteren Spezialisierungen gelegt – egal ob vom Boden oder vom Sattel aus. Sie beginnt beim Führtraining, das eine gemeinsame Kommunikation von Pferd und Mensch etabliert. Zu den wichtigsten Basisübungen gehören das zuverlässige Halten in jeder Situation und das ruhige Stehenbleiben, auch über einen längeren Zeitraum hinweg. Des Weiteren sollte sich das Pferd vom Menschen sowohl an der Vorhand als auch an der Hinterhand bewegen lassen. So kann man es zum Beispiel am Putzplatz oder beim Torschließen in der Halle gezielt positionieren, ohne dass es einem anderen Pferd oder der Bande zu nah kommt. Auch das Rückwärtsrichten ist in einigen Situationen Gold wert. Das Pferd sollte zudem auf Kommando zwischen den Gangarten wechseln können, etwa um Platz zu machen oder von einer Gefahrenquelle wegzukommen.

Unfälle und Verletzungen werden sich nicht ganz vermeiden lassen. Manche Gefahrensituationen kann man nicht vorhersehen oder im Voraus beseitigen. Aber jeder kann wesentlich dazu beitragen, Verletzungsrisiken deutlich zu minimieren. Es lohnt sich, in allen Bereichen achtsam zu sein, denn schließlich wollen wir eine schöne und sorgenfreie Zeit mit dem Pferd verbringen.

Lisa Kittler ist mit Tieren aufgewachsen und reitet seit frühester Kindheit. In der Zeit ihres Lehramtstudiums kam ihr Pferd „Prinzessin" zu ihr – eine Stute, die für die Reitausbildung zum damaligen Zeitpunkt nicht geeignet war. Lisa Kittler absolvierte ihre Bodenarbeitsausbildungen bei Babette Teschen und Tania Konnerth und verbindet ihr pädagogisches Studium mit dem Wissen über die Pferdeausbildung. Sie arbeitet als Longenkurstrainerin, Physiotherapeutin und systemischer, pferdegestützter Coach (nach Alexandra Lohr EQS).
www.ganzheitliche-pferdegymnastizierung.de

Eco Hoof Print

In der Pferdewelt gibt es immer mehr Produzenten, die die Umwelt schützen wollen und sich über regionale, wiederverwertbare und vor allem nachhaltige oder gesundheitsfördernde Produkte für das Pferd Gedanken machen. Wir wollen diese Produkte vorstellen – zum Wohl der Pferde.

Ob kleine Wunden, Muskelverspannungen oder Hautirritationen durch Insektenstiche – im Pferdealltag können Beschwerden auftreten, die schnelle und wirksame Sofortpflege erfordern. Alternativen zu konventionellen Produkten erfreuen sich bei Pferdeliebhabern dabei immer größerer Beliebtheit.

Kraftvolle Pflanzenessenzen für eine ganzheitliche Pferdepflege

Die Heilkraft ätherischer Öle ist seit Jahrhunderten bekannt und bewährt – nicht nur für Menschen, sondern auch für Tiere. Pflanzliche Wirkstoffe können Hautregeneration, Entspannung und innere Ausgeglichenheit gezielt fördern. Besonders hochwertige ätherische Öle helfen, das natürliche Gleichgewicht des Körpers zu bewahren und physische wie psychische Herausforderungen leichter zu meistern. Eine solche ganzheitliche Herangehensweise an die Pferdegesundheit schafft nicht nur Linderung bei akuten Beschwerden, sondern stärkt auch die Bindung zwischen Mensch und Tier.

Bio-Pflege mit der Kraft der Natur

Seit knapp 40 Jahren steht der Name PRIMAVERA für hochwertige Produkte voll unverfälschter Pflanzenkraft. Mit der CavaDea-Serie bringt der renommierte Bio-Pionier PRIMAVERA die Kraft naturreiner ätherischer Öle in den Pferdestall. Besonders das Erste Hilfe Spray bio hat sich als unverzichtbarer Helfer bei stumpfen Verletzungen, Prellungen oder gereizter Haut bewährt. Das enthaltene Cistrosenöl wirkt entstauend, unterstützt

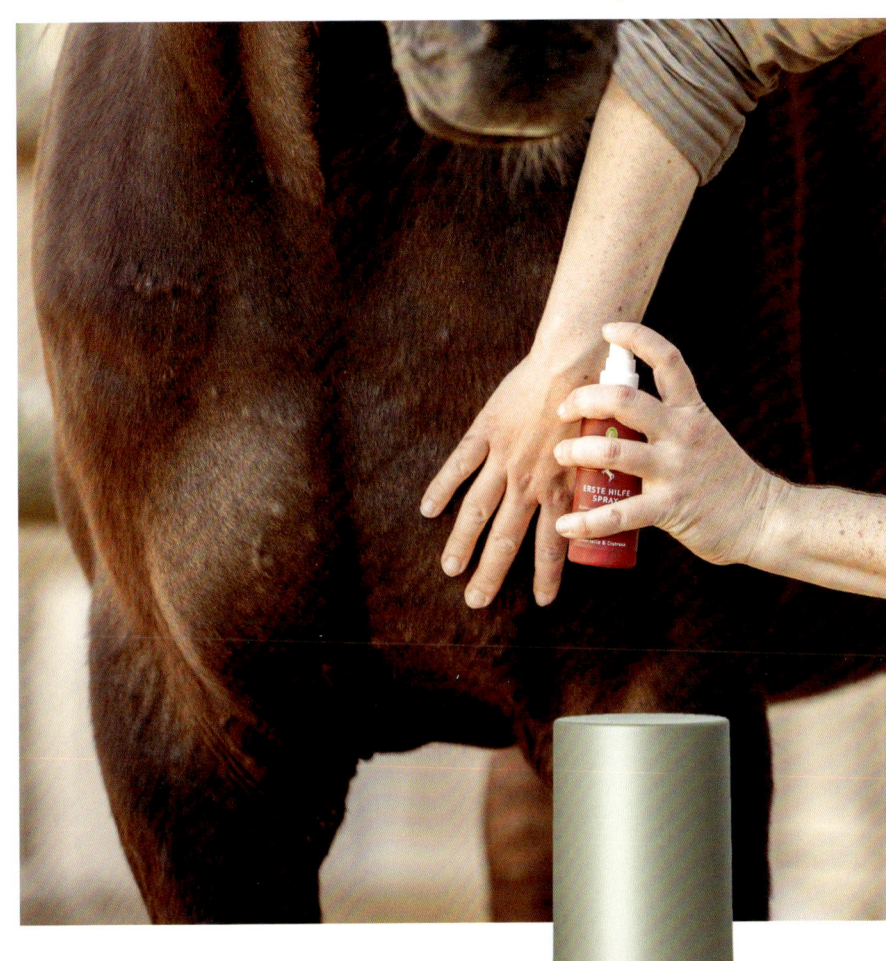

die Hautregeneration und schenkt mit seinem warm-würzigen Duft seelische Geborgenheit. Frei von synthetischen Zusätzen steht CavaDea für kompromisslose Bio-Qualität – entwickelt für alle, die das Beste für ihr Pferd wollen. Denn wahre Pflege beginnt mit der Natur.

www.cavadea.primaveralife.com

Erste Hilfe beim Pferd

Richtig handeln in einer Notsituation

von Anke Rüsbüldt

Schon die Vorstellung, Erste Hilfe am Pferd leisten zu müssen, ist erschreckend und hoffentlich kommt es nie dazu. Falls doch mal ein Pferd dringend Erster Hilfe bedarf, sollte den anwesenden Menschen die Situation nicht völlig unvorbereitet treffen. Es lohnt sich daher, sich das notwendige Wissen (etwa durch einen Erste-Hilfe-Kurs) vorher anzueignen sowie die praktische Umsetzung am Pferd zu üben, um im Ernstfall möglichst ruhig, souverän, sorgfältig und sachkundig handeln zu können. Helfen ist immer besser, als nichts zu tun!

Was kann ich und wie handle ich in bestimmten Situationen? Wobei brauche ich Hilfe? Wessen Hilfe brauche ich und wie bekomme ich sie? Was benötige ich, um handlungsfähig zu sein? Ist eine Stallapotheke vorhanden? Gibt es eine schnelle Transportmöglichkeit für ein verletztes Pferd? Dies sind wichtige Fragen, für deren Beantwortung im Notfall keine Zeit ist! Es gilt also, sie rechtzeitig zu klären, um für den Ernstfall vorbereitet zu sein.

Wann braucht das Pferd Hilfe?

Der echte Notfall ist eindeutig: Ein Pferd hat sich stark verletzt, ist hängen geblieben, eingebrochen oder liegt fest. Es hat sich verschluckt, vergiftet oder hat eine Kolik. Was zu tun ist, hängt von der Situation und dem Pferd ab. Es gibt keinen allgemeingültigen Plan. Schnelles und richtiges Handeln ist oberstes Gebot. Deshalb ist es wichtig, ruhig zu bleiben. Die eigene Atmung zu kontrollieren, hilft dabei: Schon drei oder vier tiefe Atemzüge reduzieren Stress und Angst.

Zuerst verschaffen wir uns einen Überblick: Was ist passiert? Was passiert (schlimmstenfalls) als Nächstes? Was ist als Erstes zu tun? Wenn ein anderer Mensch souverän die Kontrolle übernimmt, bietet man seine Hilfe an. Ist man allein oder mit anderen „hilflosen" Menschen zusammen, muss man selbst die Führung übernehmen. Alle werden dafür dankbar sein, auch das Pferd! Es gilt, Ruhe zu vermitteln und zu jeder Zeit auf die Sicherheit aller zu achten. Zusätzliche Hilfe (zum Beispiel Tierarzt, Feuerwehr) sollte sofort angefordert werden, denn bis zum Eintreffen vergeht Zeit. Beim Verteilen von Aufgaben den Mitmenschen immer direkt ansprechen („Du!" und nicht „Kann jemand ...?"). Dann ist es wichtig, die Situation abzusichern und eventuell Hilfsmittel holen zu lassen. Das Pferd muss vor dem Annähern immer angesprochen werden.

Erste Hilfe will gelernt sein und sollte nicht erst in einer akuten Notsituation das erste Mal geübt werden. *Foto: Christiane Slawik*

Nun gilt es, die Situation genauer zu analysieren: Zeigt das Pferd Schmerzen? Kann es sich bewegen? Würde es etwas zu fressen nehmen? Wenn das Pferd es zulässt, kann man Puls, Atmung und Körpertemperatur überprüfen. Darmgeräusche kann man durch die Bauchwand mit dem Ohr gut hören.

> ### Leitfaden bei Notfällen
>
> 1. Ruhe bewahren (tief durchatmen)
> 2. Überblick verschaffen
> 3. Zusätzliche (tierärztliche) Hilfe anfordern
> 4. Erstversorgung leisten oder Hilfe anbieten
> 5. Auf die Sicherheit aller achten

Mögliche Verletzungen und deren Versorgung

Zusammenhangstrennungen der Haut: Wunden werden vorsichtig mit Wasser abgespült, um einen Überblick zu erhalten. Ein Verband schützt sie bis zum Eintreffen des Tierarztes. Auf starke Blutungen kommt ein Druckverband. Verletzungen an Gelenken, Sehnenscheiden oder in der Nähe von Schleimbeuteln erfordern besondere Umsicht. Außer Blut kann aus der Wunde ein gelbliches oder schaumiges Sekret austreten. Solche Wunden sind nur sauber abzudecken bis zum Eintreffen des Tierarztes, nicht abzuwaschen! Das Pferd soll sich möglichst wenig bewegen.

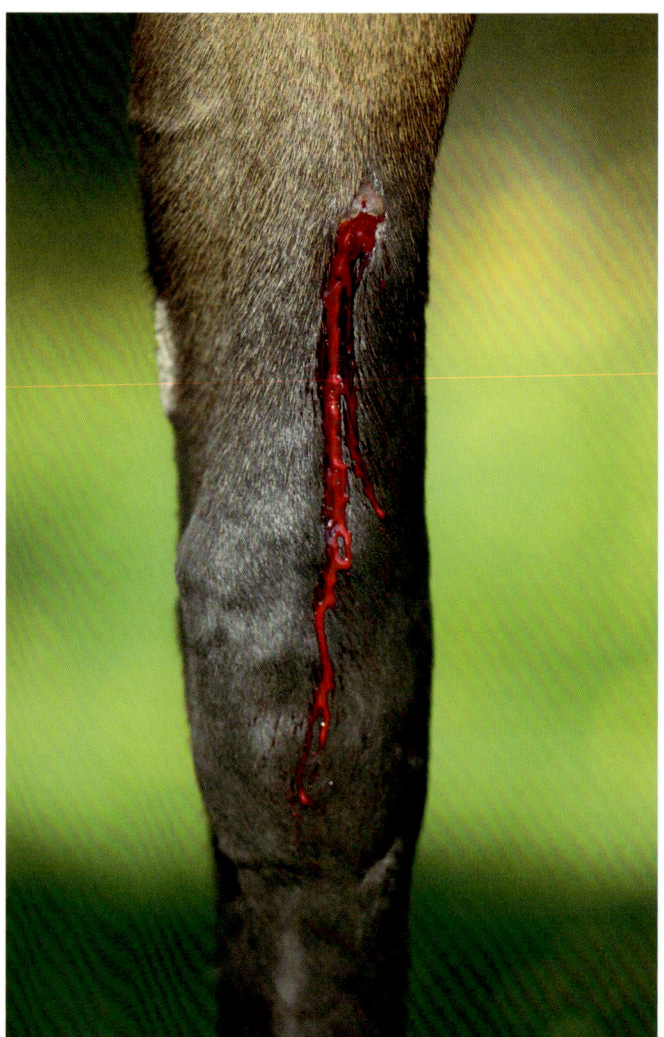

Die Farbe des Blutes gibt Auskunft darüber, ob eine Arterie verletzt wurde. *Foto: Christiane Slawik*

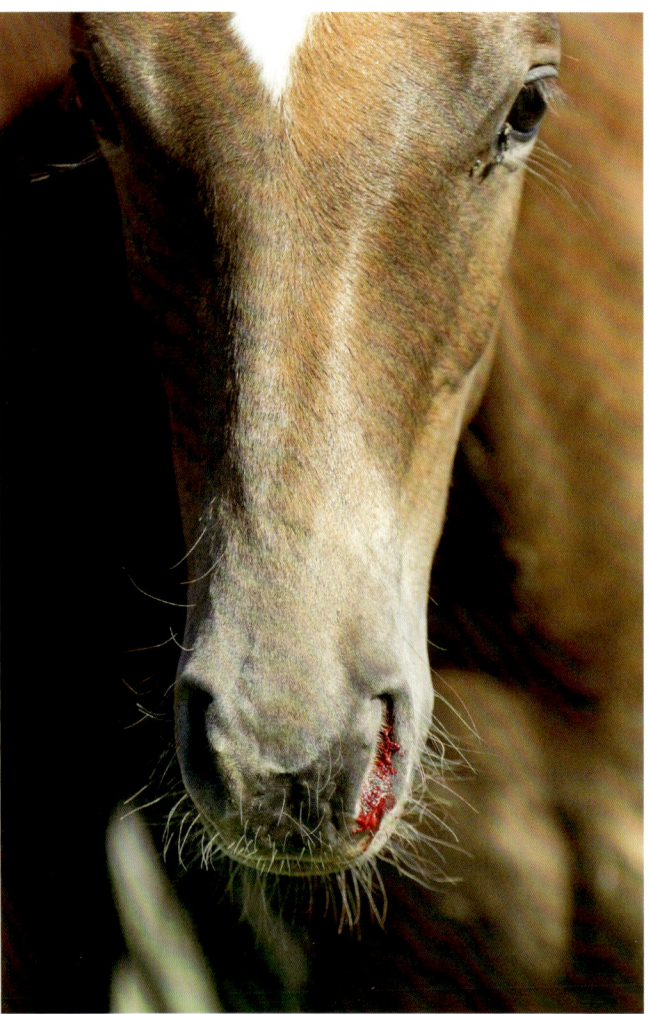

Nasenbluten kann man nicht beeinflussen, hier hilft nur, den Pferdekopf tief zu halten. Das macht das Pferd aber meist von allein.
Foto: Christiane Slawik

Starke Blutungen: Hellrote, pulsierende, oft schnelle und heftige Blutungen bedeuten, dass arterielles Blut austrat. Die Blutung sollte zügig gestoppt werden. Dunkle und tropfende Blutungen von venösem Blut haben weniger schnell unangenehme Folgen für den Kreislauf. Auch hier versucht man,

die Blutung zu stoppen. An den Beinen wird ein Druckverband zügig angelegt. Blutungen aus Wunden am Körper oder am Kopf können mit Druck durch Aufpressen eines Handtuchs begegnet werden. Bei allen starken Blutungen ist es hilfreich, die Menge verlorenen Bluts einzuschätzen. Bereits ein Liter Blut außerhalb des Pferdes sieht dramatisch aus, ist für das Tier jedoch gut verkraftbar. Bei starkem Nasenbluten kann ein bereitgestellter Eimer helfen. Warmblüter können zehn Liter Blut verlieren, bevor sie Kreislaufschwierigkeiten bekommen.

Verletzungen mit Fremdkörpern: In der Wunde steckt ein Fremdkörper, beispielsweise ein Nagel. Den spontanen Impuls des Rausziehens muss man unterdrücken. Wenn die Größe und Eindringtiefe des Fremdkörpers bekannt oder an den Gliedmaßen ist, kann dieser entfernt werden. Ansonsten schließt der Fremdkörper die Wunde, die durch ihn entstanden ist, und sollte unangetastet bleiben. Das sichere Entfernen übernimmt der Tierarzt.

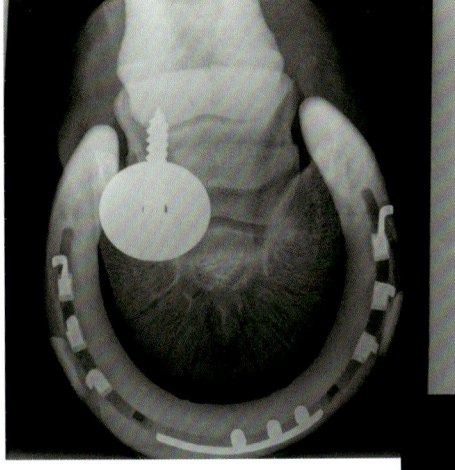

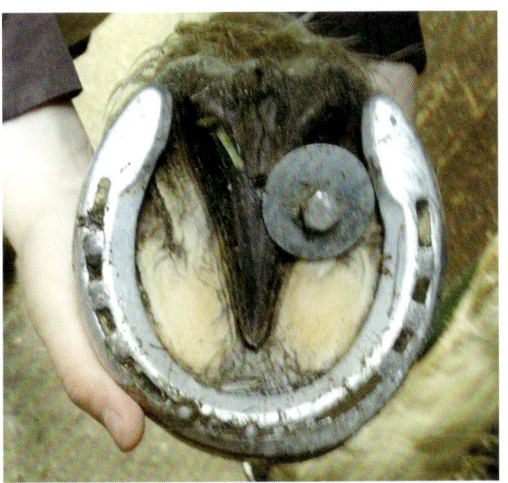

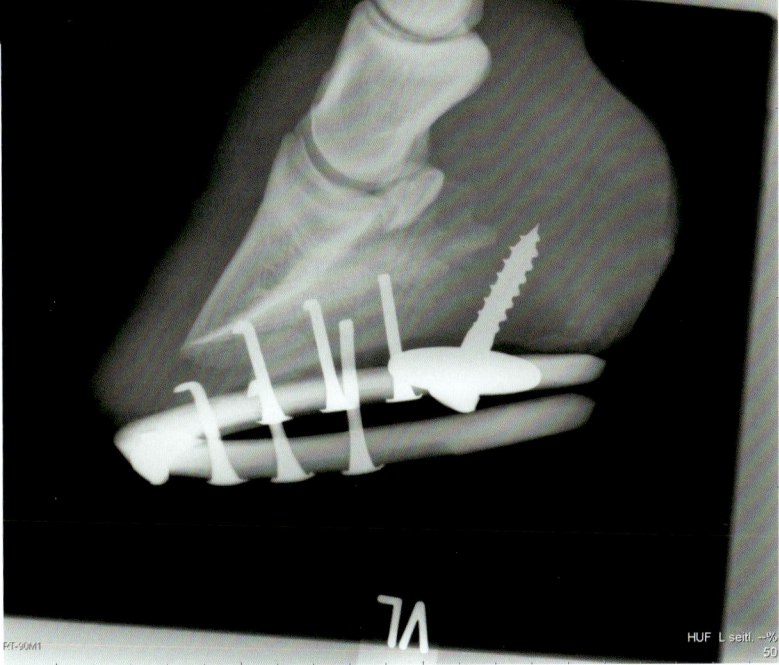

Da nicht klar ist, wie viel diese Schraube im Huf verletzt hat und ob sie sicher entfernt werden darf, helfen Röntgenbilder zum Abklären des weiteren Vorgehens.
Fotos: Anke Rüsbüldt

Verletzungen am Huf: Die Schmerzen bei einer Verletzung der Hornkapsel sind erheblich. Das Bein wird in aller Regel nicht abgesetzt. Der Huf ist warm und die Zehenarterie pulsiert vermehrt. Wenn ein Fremdkörper (beispielsweise eine Glasscherbe) im Huf steckt und Größe, Eindringtiefe und Eindringrichtung nicht klar ersichtlich sind, darf man ihn nicht entfernen. Es kann sinnvoll sein, zum Abschätzen des entstandenen Schadens ein Röntgenbild mit dem am Ort befindlichen Fremdkörper zu machen. Ein tieferes Eindringen kann man durch Hochhalten des Hufs oder Anbringen eines Polsterverbands bis zum Eintreffen des Tierarztes verhindern. Eine Verletzung der Hornkapsel ohne Fremdkörper kann mit einem Verband abgedeckt werden.

Frakturen, die ohne Anfertigung von Röntgenaufnahmen zu erkennen sind: Beweglichkeit an Stellen, an denen kein Gelenk ist, starke, warme Schwellungen und ein Verweigern von weiterer Bewegung sind Anzeichen gedeckter Frakturen.

Offene Frakturen kann man direkt sehen. Erste Hilfe ist hier nicht möglich. Es gilt, beim Pferd zu bleiben, es ruhig zu halten und auf das Eintreffen des Tierarztes zu warten. Den Verdacht einer Fraktur sollte man dem Tierarzt unbedingt am Telefon schon durchgeben. Heute sind einige Frakturen, die zu meiner Studienzeit noch lebensbeendend für das Pferd waren, therapierbar.

Frakturverdacht oder Verdacht auf eine Sehnenverletzung oder Muskelriss besteht auch, wenn das Pferd die Bewegung verweigert und die betroffene Stelle dick und warm wird. Auch hier hilft nur warten, bis der Tierarzt kommt.

Bewegungslosigkeit: Pferde, die sich gegen Bewegung sträuben, sollten immer stehen gelassen werden. Wenn der Verdacht auf eine erhebliche Verletzung am Bewegungsapparat besteht, müssen die betroffenen Pferde möglichst ruhig gehalten werden. Ein Begleitpferd in der Nähe zu haben, hilft.

Auch Hufrehe (akuter Schub) und Tetanus (Wundstarrkrampf) können dazu führen, dass das Pferd sich nicht mehr bewegen will. In beiden Fällen besteht die Erste Hilfe darin, das Pferd beim Stillstehen zu unterstützen und den Tierarzt zu rufen. Tetanus kann durch Impfungen verhindert werden. In der Bewegung oder unmittelbar danach auftretende Bewegungsverweigerung kann ein Anzeichen für den sogenannten Kreuzverschlag sein. Tierärztliche Hilfe ist nötig, denn die Erkrankung ist sehr schmerzhaft. Ein Kreuzverschlag entsteht durch eine relative Überforderung der Muskulatur. Um weitere Schäden zu vermeiden, soll das Pferd nicht mehr bewegt werden. Passiert dies außerhalb des Hofes, muss man einen Rücktransport in den Stall organisieren.

Negativbeispiel

Ein festliegendes Pferd kann in vielen Fällen nur mit menschlicher Hilfe wieder aufstehen.
Foto: Christiane Slawik

Festliegen: Kann ein Pferd sich nicht mehr bewegen, weil äußere Faktoren es verhindern, kann man versuchen, die Position des Pferdes oder die Faktoren zu verändern. Äußerste Vorsicht ist geboten, denn ein aus festliegender Position befreites Pferd springt möglicherweise plötzlich auf oder bewegt sich panisch und heftig. Die Sicherheit der Helfer geht immer vor. Ein Pferd, das längere Zeit festgelegen hat, steht manchmal nach der Befreiung nicht sofort auf. Es muss überzeugt werden, es mit unserer Hilfe noch einmal zu versuchen. Sobald ein festliegendes Pferd befreit ist und wieder steht, führt man es im Schritt herum. Ein Pferd kann sich in unterschiedlichsten Situationen in Positionen bringen, aus denen es sich mit eigener Kraft nicht befreien kann: nach einem Sturz im Pferdehänger, nach dem Wälzen unter einem Zaun oder an der Bande der Reithalle, in der Box, im Moor oder in Tümpeln. Festliegen ist für das Fluchttier Pferd immer sehr traumatisch. Liegt das Pferd ruhig und kommt zeitnah der Tierarzt, reicht es als Erste Hilfe aus, beim Pferd

zu bleiben und unaufgeregt mit ihm zu sprechen. Ist abzusehen, dass man ohne Geräte das Pferd nicht befreien kann, kann außer dem Tierarzt die Feuerwehr gerufen werden. Geschlossene Türen, aus denen das festliegende Pferd beim Öffnen den Kopf oder ein Bein herausstrecken könnte, müssen geschlossen bleiben, um das Verletzungsrisiko zu minimieren! Die vordere Tür des Pferdehängers wird nur geöffnet, wenn man weiß, wie es dahinter aussieht. Auch beim Festliegen in der Box ist es meist besser, die Tür der Box geschlossen zu lassen. Pferde brauchen zum Aufstehen aus liegender Position die Möglichkeit, sich in Brustlage aufzurichten, und vor sich etwa einen Meter freien Raum. Äußere Begrenzungen gefahrlos zu entfernen, ist die beste Hilfe. Andernfalls lässt sich die Position des liegenden Pferdes durch Zug am Schweif (an der Schweifrübe anfassen) oder Wenden des Pferdes verändern. Zum Wenden eines liegenden Pferdes benötigt man Longen, die man im Bereich der Fesselbeuge um die unten liegenden Beine als Schlaufe anlegt. (Beispiel: Liegt das Pferd auf der linken Seite, nimmt man das Bein vorne links und hinten links.) Die Enden der Longe führt man über den Bauch und dreht durch Zug, hinter dem Pferderücken stehend, das liegende Pferd auf sich zu. Auf diese Art können drei Menschen ein Pferd drehen.

Verkehrsunfälle: Als Erste Hilfe kommt nur ein Stabilisieren der Situation und das Anfordern von Hilfe für alle Unfallbeteiligten in Frage (Polizei, Krankenwagen, Feuerwehr, Transporter). Fotos zu machen, wenn eine Hand dafür frei ist, hilft später zur Dokumentation (zum Beispiel für die Versicherung).

Notfälle, die vom Magen-Darm-Trakt ausgehen:
Schlundverstopfungen sind dramatisch und lebensbedrohlich! In der Speiseröhre feststeckendes (eventuell dort noch weiter aufquellendes) Futter verursacht Husten, Krämpfe am Hals, Panik beim Pferd, eventuell Austritt von Futterresten aus den Nüstern und sehr schnell eine schlechte Kreislaufsituation. Als Erste Hilfe wird mit dem Hinweis „Verdacht auf Schlundverstopfung" tierärztliche Hilfe gerufen. Dem Pferd kann Wasser angeboten werden. Massagen am Hals nutzen meist wenig, da die Stelle, wo der Bissen hängen geblieben ist, oft tiefer liegt. Schlundverstopfungen lassen sich vermeiden, wenn keine kleinen Stücke (geschnittene Möhren, kleine Äpfel) gereicht werden, quellende Futtermittel nicht trocken gefüttert werden und hastiges Fressen vermieden wird. Für ideales Aufnehmen von Futter aller Art ist es wichtig, die Zahngesundheit zu beachten. Eine gute Zahngesundheit hilft auch, Koliken vorzubeugen.

Koliken: Am häufigsten ist die akute und schmerzhafte Krampfkolik. Tierärztliche Hilfe rufen und das Pferd, soweit möglich, im Schritt führen stellt die beste Erste Hilfe dar. Das Pferd darf ruhig liegen und sich wälzen, bekommt aber weder Futter noch Wasser. Man kann Puls und Körpertemperatur messen sowie auf beiden Seiten am Bauch oben und unten nach Darmgeräuschen horchen. Die erhobenen Befunde helfen bei der Einschätzung und können telefonisch dem Tierarzt mitgeteilt werden. Wenn es in der Stallapotheke vorhanden ist und der Tierarzt fernmündlich zugestimmt hat, kann Colosan eingegeben werden. Plötzlich einsetzende starke Schmerzen, der Drang, sich immer wieder hinzuwerfen und zu wälzen, starkes Schwitzen, Verharren in ungewöhnlichen Körperhaltungen, Flehmen und Zähneknirschen sprechen für

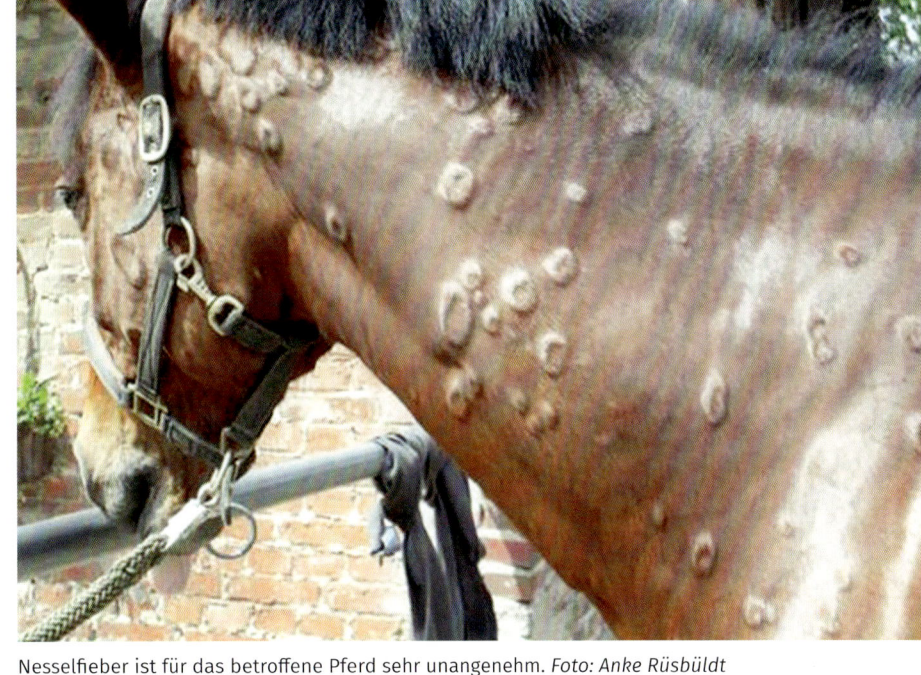

Nesselfieber ist für das betroffene Pferd sehr unangenehm. *Foto: Anke Rüsbüldt*

eine schlimmere Kolik. Wenn die tierärztliche Diagnose die Notwendigkeit einer Operation ergibt, muss das Pferd sofort in eine Pferdeklinik gebracht werden. Bei ausgeprägten Symptomen kann der Transport schon vor dem Eintreffen des Tierarztes vorbereitet werden.

Atemnot: Selten kommt es zu akuter Atemnot bei nicht vorerkrankten Pferden. Ein um Luft ringendes Pferd wird an der frischen Luft in einem fest abgezäunten Bereich ohne Futter untergebracht, bis tierärztliche Hilfe eintrifft. Vorerkrankte Pferde, die schon mit equinem Asthma oder Allergien zu tun hatten, haben meist ein Notfallmedikament, das effektiv zur Ersten Hilfe eingesetzt werden kann.

Nesselfieber: Das betroffene Pferd leidet an starkem Juckreiz und beeindruckenden Quaddeln auf der Haut. Ist auch der Kopf betroffen oder erscheint die Atmung behindert, ist dies ein Notfall, der tierärztliche Hilfe benötigt! Nur am Körper aufgetretene Quaddeln können mit einer Mischung aus 1/3 Essig und 2/3 Wasser kalt abgewaschen werden.

Niemand möchte, dass ein Pferd in die Situation kommt, Erster Hilfe zu bedürfen. Ganz vermeiden kann man Notfälle nicht, aber Vorbeugen ist besser als Heilen. Notfallvermeidung ist sehr wichtig! Wenn die Unterbringung pferdegerecht ist, die Verletzungsgefahr minimiert wird, das Pferd behutsam an neue Situationen herangeführt wird und die Fütterung seinem Bedarf entspricht, können viele gefährliche Situationen vermieden werden. Treten wir also mutig für die Pferde ein und gehen wichtige Verbesserungen entschlossen an!

Erste Hilfe am Pferd
Notfälle beherrschen und vermeiden
von Anke Rüsbüldt
96 Seiten, 17 cm x 24 cm,
ca. 80 Fotos
ISBN: 978-3-95847-004-0
€ 16,90 (D)

Anke Rüsbüldt ist Fachtierärztin für Pferde mit einer eigenen Praxis in der Nähe von Hamburg. Die Autorin hat mehrere Bücher geschrieben.

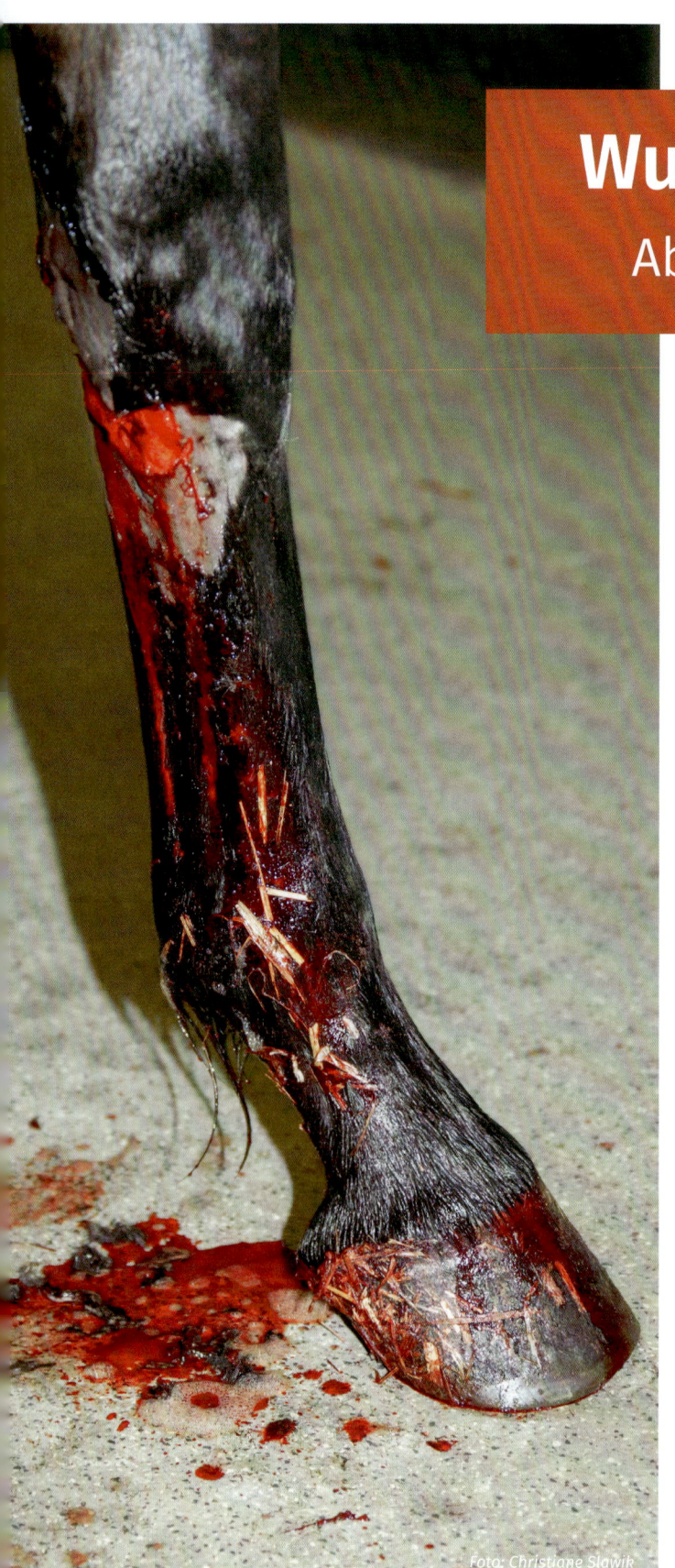

Foto: Christiane Slawik

Wundversorgung?
Ab jetzt bitte modern!

von Susan Bär

Wer kennt das nicht: Man möchte routinemäßig das Pferd versorgen und entdeckt dabei eine Wunde. Verletzungen passieren oft, wenn man sie am wenigsten braucht: vor dem Urlaub, einem Termin oder am Wochenende. Jetzt ist guter Rat teuer. Ist man erfahren genug und schätzt die Wunde korrekt ein? Nutzt man moderne Mittel zur Wundversorgung? Oft werden diese Fragen mit „Nein" beantwortet. Eine Wunde muss richtig versorgt werden. So wird die Wundheilung beschleunigt, das Tier ist bald wieder einsatzbereit und man spart bares Geld.

Mythen

Wie in jedem Bereich der Medizin halten sich auch in der Wundversorgung beim Tier hartnäckige Mythen.

Mythos 1: Wunden heilen am besten an der Luft.
Nein. Trocknet die Wunde an der Luft aus, bildet sich eine Kruste. Diese ist nach neuesten Forschungen jedoch kein Zeichen für Heilung, sondern des Austrocknens, das den Heilungsprozess massiv verlangsamt. Im ungünstigen Fall werden unter der Kruste Erreger und Schmutz eingeschlossen. Nicht selten fangen solche Wunden nach kurzer Zeit an zu eitern und bilden oft unschöne Narben oder weißes Fell an der verletzten Stelle.

Mythos 2: Wenn die Wunde juckt, heilt sie.
Nein. Die Kruste liegt wie ein „Deckel" auf der Wunde, bremst die Wundheilung und verhindert das Zusammenziehen. Es entsteht ein Ziehen an den Wundrändern, der als Juckreiz spürbar ist. Das betroffene Tier hat dann das Bedürfnis, die Kruste wegzukratzen. Durch Scheuern oder Beißen am Verband kann die Wunde wieder aufreißen und damit eine Wundinfektion begünstigen.

Mythos 3: Kleine Blessuren heilt die Natur von allein.

Jein. Ja, die Zeit heilt in der Natur viele Wunden. Doch will der fürsorgliche Tierbesitzer das „Wie" dem Zufall überlassen? Nein. Die Praxis zeigte: Wenn selbst mit modernen Mitteln erst ab dem zweiten Tag versorgt wird, zeigten kleine Wunden eine um sieben Tage verzögerte Wundheilung. Das Fellwachstum setzte erst sieben Tage später ein im Vergleich zu Wunden mit Versorgung ab dem ersten Tag.

Mythos 4: Es geht auch ohne Einmalhandschuhe.

Nein. Auf unseren Händen befinden sich unzählige Erreger. Diese sollte kein Wundbehandler zusätzlich in das Wundgebiet einbringen. Sind keine Einmalhandschuhe vorhanden, sollte man zumindest die Hände desinfizieren. Durch diese einfache Maßnahme zur Wundhygiene kann jeder eine Quelle für Wundinfektionen ausschließen.

Die Erstversorgung

Es ist wichtig, eine Wunde richtig zu versorgen. Der Körper arbeitet unmittelbar nach einer Verletzung mit Hochdruck daran, die Wunde zu schließen, um Infektionen zu verhindern. Wenn wir diesen Prozess sofort korrekt unterstützen, also nicht stören, heilt sie deutlich schneller und komplikationsloser.

Wichtig: Bei einer kleinen Wunde sollte bereits am dritten Tag das Fell nachwachsen, sonst läuft etwas falsch.

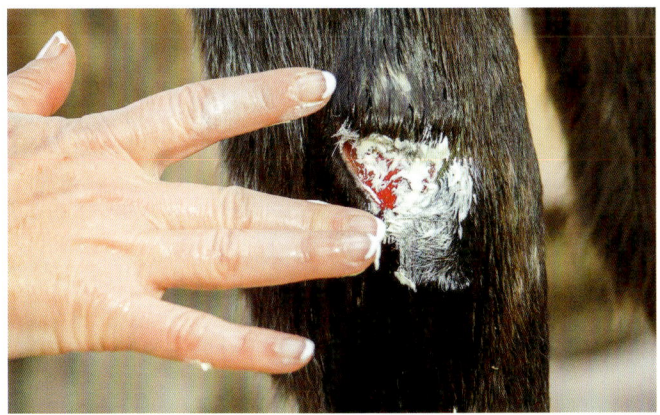

Die Anwendung von Salben, Blauspray, Zinkspray und Co. auf frischen Wunden ist veraltet, trocknet die Wunde aus, bringt Fremdstoffe ein und verlangsamt den natürlichen Heilungsprozess. *Foto: Christiane Slawik*

Falsche Mittel

Viele Tierbesitzer und Tierärzte greifen bei der Wundversorgung zu Jod oder Blauspray. Diese sind nicht mehr zeitgemäß. Jodlösung und -salbe, Blauspray, Aluspray, Zinkspray, Silberspray, Honig, Salben wie zum Beispiel Bepanthensalbe, Wundpuder, Heilerde, (ätherische) Öle und Co. schaden oft mehr, als sie nützen. Sie können das Gewebe angreifen, Allergien auslösen,

die Wunde austrocknen und die Wundheilung sogar behindern. Auf keinen Fall sollten sie auf frische, noch zu nähende oder genähte Wunden aufgebracht werden, da sie Fremdstoffe in die Wunde einbringen können. Sie wirken nicht nach den Prinzipien der modernen, „feuchten" Wundversorgung.

Die Rolle des Vet-Wundspezialisten

Im Humanbereich gibt es zur Unterstützung der Ärzte die sogenannten Wundmanager. Im Veterinärbereich sind sie ebenso wichtig. Ihre Aufgabe ist die Betreuung des Tierbesitzers sowie die Unterstützung des Tierarztes vor Ort wie beispielsweise bei der OP-Nachsorge, dem Wundmanagement für offen zu versorgende Wunden, mit Spezialwundauflagen, Kompressions- und Softcast-Verbänden, zur Unterstützung bei eitrigen, schlecht heilenden Wunden und vielem mehr. So wird die Wundheilung beschleunigt, Infektionen entgegengewirkt und die Narbenbildung verbessert.

Wundheilungsphasen

Die Wundheilung verläuft in drei Phasen, die sich zeitlich überlappen können. Die Dauer der einzelnen Phasen hängt von folgenden Faktoren ab:

· Erstversorgung ideal innerhalb von *vier Stunden mit modernen Wirkstoffen.*
· *Wundhygiene:* Verwendung von Einmalhandschuhen und sterilen Kompressen.
· Der *pH-Wert* sinkt im Wundgebiet ab, nicht mit pH-neutralen Mitteln stören.
· Ausreichend *Bewegung* je nach Diagnose, ein Verband ist nahezu immer möglich.
· *Größe:* Je größer und komplizierter die Wunde, umso länger dauert die Heilung.
· *Lage:* An gut durchbluteten Stellen am Rumpf geht es oft schneller als an den Beinen.
· *Zustand:* Frische Wunde oder infiziert (eiternd) mit gestörter Wundheilung.

Speziell beim Pferd mit seinem hochentwickelten Stoffwechsel beeinflussen das Alter oder die Rasse kaum die Wundheilung.

Wichtig: Die angegebene ideale Heilungsdauer je Phase sowie die Selbstkontrolle beziehen sich auf kleinere Verletzungen ohne Infektion und direkter feuchter Wundversorgung.

Phase 1: Reinigungs- und Entzündungsphase (ein bis vier Tage)

In der exsudativen Phase (erste bis achte Stunde) schwemmt das Blut oder Blutplasma zum Beispiel Verschmutzungen und Zelltrümmer aus dem Wundgebiet. Selbstkontrolle: Nach vier bis acht Stunden bildet sich eine dünne Hautschicht, idealerweise auf der zuvor gereinigten und feucht gehaltenen Wundfläche. Die Wunde nässt nicht mehr (resorptive Phase).

Wichtig: Die erste dünne Hautschicht ist heilig. Der atmungs-aktive Schutzfilm durch ein Hydrogel stört jetzt am wenigsten den natürlichen Heilungsprozess im Vergleich zu allen anderen Mitteln. Eine unversorgte Wunde entzündet sich stärker und bildet bis zum zweiten Tag eine Kruste. Bei einer Wund-infektion mit Eiterbildung kann sich die erste Phase auf mehrere Wochen verlängern. Die Wunde verschließt sich erst nach und nach, beginnend im keimfreien Bereich.

Phase 2: proliferative bzw. Granulationsphase (zweiter Tag bis Wochen)

Diese Phase beginnt nur dort, wo die Reinigungsphase voll-ständig abgeschlossen ist. Selbstkontrolle: fühlbar stabile Haut auf der Wundfläche. Das ist der beste Schutz gegen Flie-gen! Bei kleineren Wunden verengen sich die Wundränder am zweiten Tag, bei größeren zeigt sich das Granulationsgewebe als weißer Rand, das Aussehen in der Mitte ist tiefrot, feucht glänzend. Die Heilung verläuft von außen nach innen.

Phase 3: Epithelisierungs- oder reparative Phase (dritter Tag bis Monate)

Die Narbenbildung setzt vom Wundrand aus ein. Die Fasern stabilisieren sich durch hohen Kollagenanteil. Selbstkont-rolle: Das Fell wächst ab dem dritten Tag nach. Die maximale Belastbarkeit auf Zug und Druck kann mehrere Monate dau-ern. Vor allem Druck- und Scheuerstellen sollte man weiter-hin polstern. Durch modernes Wundmanagement verheilt auch eine große Wunde nach ca. drei Monaten.

Die Wundversorgung

Nicht jede Wunde ist ein Notfall, dennoch sollte jede Wunde Priorität in der Versorgung erhalten.

Wichtig: Die Erstversorgung (insbesondere im Hinblick auf Schnelligkeit und verwendete Mittel) entscheidet über den gesamten Heilungsverlauf.

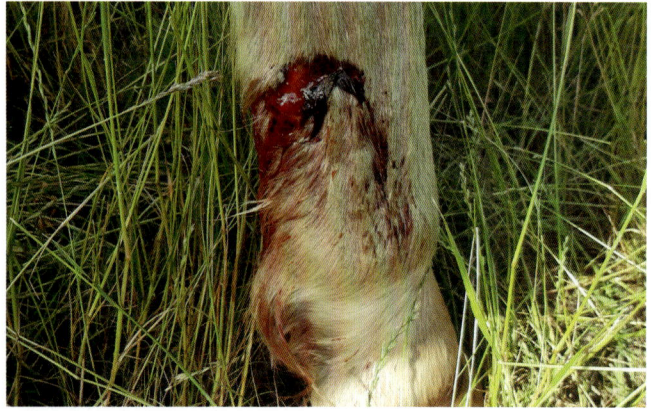

Schnitt- und Risswunden brauchen unbedingt professionelle Versorgung durch eine Fachperson. Der Tierhalter hat die Verantwortung, die Wunde korrekt einzuschätzen und entsprechend zu reagieren. *Foto: Susan Bär*

Einschätzung der Wunde

Die richtige Einschätzung der Verletzung entscheidet darüber, wer die Wunde möglichst zeitnah versorgt – noch zu nähende Wunden sollten innerhalb von vier bis sechs Stunden tierärzt-lich versorgt werden. Die nachfolgende Tabelle hilft bei der Ein-schätzung. Die Wunde kann allein oder durch den Tierarzt sowie in Absprache mit einem Wundspezialisten versorgt werden.

Verletzung	Behandler		
	Tierbesitzer	Vet-Wund-spezialist	Tierarzt
Abschürfung oberflächlich	X		
Kaum blutende Verletzung	X		
Stark blutende Verletzung			X
Tiefe oder große Wunden			X
Ballentritt oberflächlich	X	X	
Ballentritt tief			X
Scheuerstellen/Druckstellen vom Sattel, Gurt etc.	X	X	
Bisswunden oberflächlich	X	X	
Wunde Nähe Gelenk, Augen, Genital			X
Schnittverletzungen			X
Stichverletzungen (vor allem bei unklarer Tiefe)			X
Spritzenabszess	X	X	
Rissverletzungen		X	X
Verletzungen mit Lahmheit			X
Krustenbildung, Sekret abgebend		X	
Lage schwierig für Verband		X	
Schlecht heilende, chronische Wunde		X	X
OP-Nachsorge	X	X	X

Wichtig: Zum Wohle des geliebten Vierbeiners sollte man lie-ber öfter und frühzeitig professionelle Hilfe holen. Vor allem wenn nicht klar erkennbar ist, wie tief die Wunde ist, sowie bei jeder Verschlimmerung einer Wunde.

Beispiel: Einschätzung des Satteldrucks

Kleine Wunden lassen sich spätestens nach der ersten Wundreinigung gut einschätzen, wie hier am Beispiel des Satteldrucks sichtbar wird.

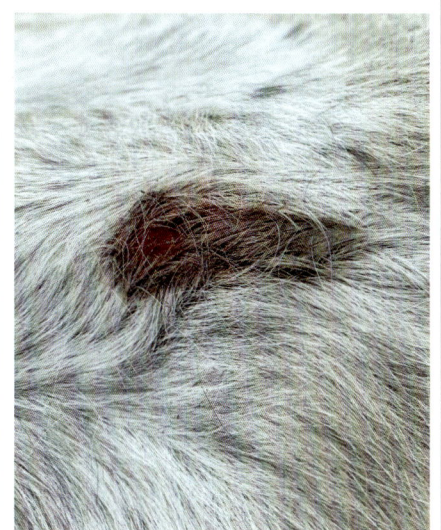

Frische Satteldruckstelle.

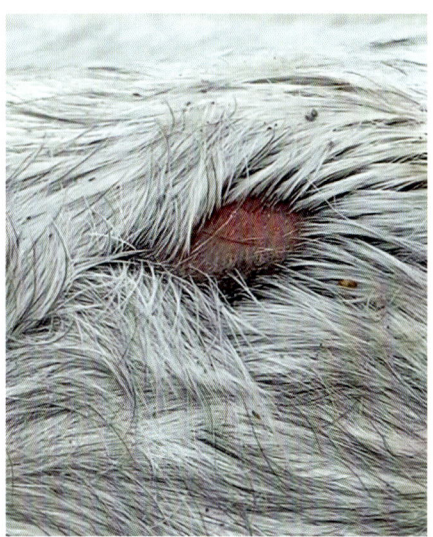

Nach der Reinigung mit Spray Feuchthalten mit Hydrogel (zum Beispiel Hypochlorsäure).

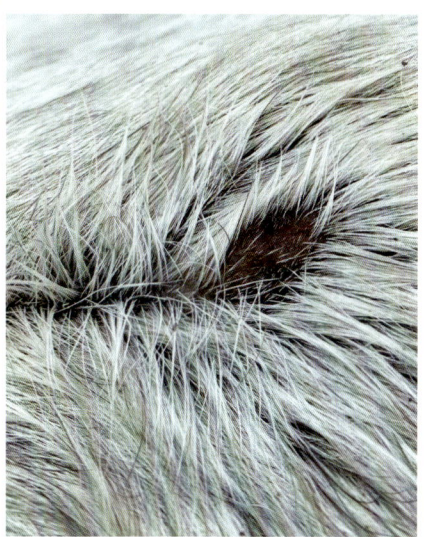

Stabil verschlossen mit Fellwachstum an Tag drei. *Fotos: Susan Bär*

Moderne Wirkstoffe

Geeignet sind moderne Wirkstoffe wie die Hypochlorsäure, Polihexanid oder Octenidin (Letzteres nur für oberflächliche Wunden). Hiervon stehen jeweils die flüssige Lösung zur Reinigung und das Gel zum Feuchthalten zur Verfügung. Beide Produkte sollte man immer mit demselben Wirkstoff verwenden, sie können sich sonst gegenseitig in der Wirkung beeinträchtigen.

Geheimtipp Hypochlorsäure (HOCL)

Hypochlorsäure-Produkte sind im Humanbereich schon stärker im Einsatz und werden auch beim Tier angewandt. Humanprodukte mit HOCL sind meiner Erfahrung nach weniger effektiv. Deshalb bei der Mittelwahl darauf achten, dass es speziell für Pferde entwickelt wurde. Was viele nicht wissen: pH-neutrale HOCL-Mittel sind für Pferdewunden wenig geeignet bis sogar kontraproduktiv. Interessant ist dennoch, dass das körpereigene Immunsystem die Hypochlorsäure selbst herstellt, um sie effektiv gegen Bakterien, Viren und Pilze einzusetzen. Es bilden sich keine Resistenzen und der Einsatz auf Wunden ist schmerzfrei.

Die feuchte Wundversorgung

Die Begriffe feucht oder modern sind gleichzusetzen. Bei diesem Prinzip wird die Wunde zuerst mit einer flüssigen Lösung *mit* Wirkstoff (Phase 1) gereinigt und zum Beispiel mit einem Hydrogel (Phase 2) feucht gehalten. So entsteht keine Kruste. Ohne Kruste läuft die Heilung schneller, schmerzfreier und es bildet sich eine schönere Narbe. Es ist eine der effektivsten Methoden zur Wundbehandlung.

Wundversorgung in drei Schritten

Schritt 1: Reinigung. Nur saubere Wunden können heilen. Kleine frische Wunden ein- bis zweimal täglich großzügig mit einer modernen Wirkstofflösung bis zum Wundrand hin reinigen. Ein intensives Spülen mit NACL-Lösung jetzt nicht mehr notwendig. Der Tierarzt rasiert ggf. das Fell um die Wunde oder man schneidet selbst die Haare mit eine Schere.

Schritt 2: Feuchthalten. Nach etwa einer Minute das Hydrogel sparsam auf die gereinigte, feuchte Wundfläche sprühen. Das Gel bildet einen Schutzfilm und wirkt über einen längeren Zeitraum desinfizierend.

Schritt 3 ist zusätzlicher Schutz mittels Verband, vor allem wenn in den ersten beiden Tagen die Gefahr einer Verschmutzung der Wunde besteht. Hierfür kann eine sterile beschichtete Kompresse mit dem Hydrogel benetzt, auf die Wunde gelegt und mit einem Pferdepflaster fixiert werden. Alternativ mit einer Polsterbinde umwickeln und mit einer selbstklebenden Binde fixieren.

Phasengerechte feuchte Wundversorgung einer Abschürfung am Röhrbein bei einem 14-jährigen Dressurpferd

 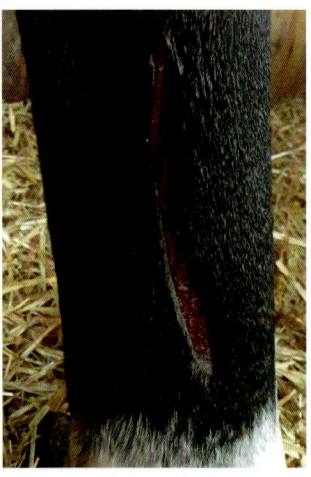  

1. Reinigungsphase (Tag 1)

Bei der frischen Wunde tritt punktartig Blutplasma (klare Flüssigkeit) aus, innerhalb von drei Stunden bildet sich eine dünne Schutzschicht. Versorgung mit Pferdeprodukten auf Hypochlorsäure-Basis.

Wundversorgung an Tag 1:
Die Haut zweimal täglich reinigen und mit Hydrogel bedecken. Ein Verband ist nicht notwendig.

2. Granulationsphase (Tag 2)

Die Wunde ist am zweiten Tag stabil verschlossen, das Gewebe granuliert gleichmäßig, die Wundfläche ist trocken, die Wundränder verengen sich. Es kommt zu keinem Zeitpunkt zu einer Wundinfektion oder einem Einschuss.

Wundversorgung an Tag 2 bis 4:
einmal reinigen und mit Gel bedecken.

3. Regenerationsphase (ab Tag 3)

Wundversorgung an Tag 5 und 6: einmal täglich mit Gel benetzen. Auf dem neu gebildeten Gewebe wächst Fell nach.

Ab Tag 7 Wundruhe halten. Der Körper übernimmt diesen Prozess allein bis zur vollständigen Haut- und Fellregeneration. Er sollte nicht durch Zinkspray, Salben, Cremes oder Öle in diesem Prozess gestört werden.

Fotos: Susan Bär

Weitere Maßnahmen

Heilungsstörungen erkennen
Es gibt deutliche Anzeichen, dass bei der Heilung etwas nicht stimmt. Schmerzen, Schwellungen, Eiter etc. Oder eine kleine Wunde ist nach drei Tagen noch immer offen und nässt. Das sind Warnzeichen, die sich ein Vet-Wundspezialist oder Tierarzt ansehen sollte.

Verbandwechsel
Ein Verbandwechsel sollte zu Beginn etwa alle 24 Stunden erfolgen. So kann die Wundheilung kleiner Wunden bis hin zur OP-Wunde beurteilt und die Versorgung gegebenenfalls angepasst werden. Zu eng sitzende Verbände werden frühzeitig erkannt und Folgeschäden wie zum Beispiel Nervenschädigungen, nekrotisches Gewebe und Zubildungen vermieden. Bei ungestörter Wundheilung hat sich ein Intervall für den Verbandwechsel nach zwei bis drei Tagen bewährt.

Kompressionsverband
In einer frischen Wunde werden sogenannte Zentripetalkräfte aktiviert, also Kräfte, die die Wundränder zusammenziehen. Diese Kräfte nehmen nach zwei Wochen nahezu vollständig ab. Bei chronischen Wunden, die länger als drei Wochen offen sind und kaum Heilungstendenz zeigen und/oder über Wochen eitern und kontaminiert sind, ist unbedingt eine Kompression notwendig. Durch eine spezielle Wickeltechnik werden die Wundränder verengt, was die Heilung der Wunde unterstützt, dem Einschuss entgegenwirkt, und das Bein wird nach und nach wieder dünner.

Narbenpflege
Mit der feuchten Wundversorgung wird der Grundstein für stabiles und gleichmäßig wachsendes Narbengewebe gelegt. Ein Hydrogel kann zusätzlich auf kahle Stellen einmassiert werden, um die Durchblutung und das Haarwachstum zu fördern. Weitere Unterstützung bei unschönen Narben bieten die APM-Creme zum Entstören von Narben, die Lasertherapie, ein Narbenstift, Beinwellcreme oder ätherische Öle.

Weitere Unterstützung
Bei verzögerter Wundheilung sollte die Unterstützung einer Fachperson in Betracht gezogen werden. Große, komplizierte oder chronische Wunden brauchen ein individuelles Wundmanagement. Spezialwundauflagen, Lasertherapie, Homöopathie, Kaltplasma, Wundultraschall, mechanische Schwingungstherapie, Zusatzfutter, die Milieufütterung sind einige Beispiele für individuelle Begleitmaßnahmen.

Fünf goldene Regeln für die Wundversorgung durch den Tierbesitzer

1. **Sofort sprühen hilft am besten!** Jede kleinste Wunde ernst nehmen, reinigen und feucht halten.

2. **Welcher Wirkstoff zuerst auf die Wunde kommt, entscheidet über die gesamte Heilung!** Abdeckenden Sprays (beispielsweise Zinkspray, Aluspray, Blauspray) fehlt die wichtige Reinigungsfunktion.

3. **Kleine Wunden verschließen sich natürlicherweise innerhalb von drei bis acht Stunden.** Bei korrekter Erstversorgung entstehen kaum Komplikationen und Schmerzen.

4. **Vorbeugen ist besser als heilen!** Mit feuchter Wundversorgung effektiv die natürliche Wundheilung beschleunigen, wildem Fleisch und geschwülstigen Narben vorbeugen.

5. **Grundausstattung immer vorrätig haben.** Einmalhandschuhe, sterile beschichtete Kompressen, Spezialpflaster, dünne Polsterbinden, selbsthaftende Binden und zwei Sprays (flüssig und gelartig). Als Set ist dies in der „Schnelle-Hilfe-Box" erhältlich.

Wer mehr zum Thema „Moderne Wundpflege beim Pferd" wissen will:
www.youtube.com/watch?v=gd3_NLXfZT430 30 30

Bei sanoanimal.de gibt es im „Forum Pferdegesundheit für Therapeuten" ab 17. Juli eine Fortbildung zum Thema.

Susan Bär widmete sich nach der Tätigkeit in der Industrie der Tier-Naturheilkunde. Seit 2012 ist sie beruflich als energetische Pferdetherapeutin im Einsatz. Sie ist spezialisiert auf den Säure-Basen-Haushalt und die Grundregulation bei Tieren. Als Vet-Wundspezialistin betreut sie Kunden bundesweit. Ihre Erfahrungen und wissenschaftliche Erkenntnisse zur modernen Wundversorgung gibt sie in Fachzeitschriften weiter sowie in Seminaren und Vorträgen für Laien und Fachkreise.
www.susan-baer.de

Aus Liebe zum Tier

Die Wundtherapeutin Susan Bär entwickelte die BÄRALIS®-Produkte - aus Liebe zum Tier:
schmerzfrei ~ schnell wirksam ~ dopingfrei.
Sie setzt auf BÄRALIS-Anolyt mit Hypochlorsäure. Eine Substanz, die das Immunsystem selbst bei der Keimabwehr nutzt. Seit 2018 gehört der Wirkstoff zum Standard in der Modernen Wundversorgung.

Zwei Phasen-Set zum Reinigen & Feuchthalten. Sie bewahren das Hautmilieu und wirken ohne zu brennen.

Haut-Talent DESINFEKTIONS-SPRAY FÜR PFERDE

Hydro-Gel DESINFEKTIONS-GEL FÜR PFERDE

BÄRALIS Set
2x 250 ml
39,90 €

Sofort versorgen hilft am besten.

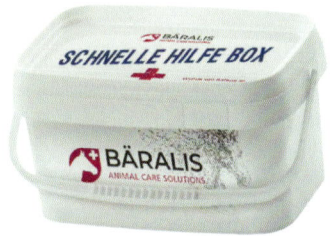

BÄRALIS Box
Schnelle-Hilfe
34,90 €

Die Schnelle-Hilfe-Box enthält Haut-Talent 50 ml, Hydro-Gel 30 ml, Fliegenpflaster, Kompressen (steril, beschichtet), Einmalhandschuhe, Verbandschere, Polsterbinde, Haftbandage.

BÄRALIS TIERGESUNDHEIT
10% auf das gesamte BÄRALIS-Sortiment
mit dem Rabattcode
EOBEAAEO
Gültig vom 27.05. bis 31.07.2025, nicht mit anderen Rabatten kombinierbar.

Hinweis: Biozidprodukte vorsichtig verwenden. Vor Gebrauch stets Etikett und Produktinformationen lesen.

Brennpunkt Stallapotheke

Was muss jederzeit zugänglich sein?

von Anke Rüsbüldt

Jeder, der Pferde hält oder regelmäßig mit Pferden zu tun hat, sollte in der Lage sein, gesundheitliche Beeinträchtigungen eines Pferdes zu erkennen. Eine gute Erste Hilfe zu leisten und kleine Wunden richtig zu versorgen, erfordert Kenntnis, Übung und Ausrüstung. Das im Erste-Hilfe-Kasten für Menschen enthaltene Material ist für die Anwendung bei Pferden oft weniger geeignet. Deshalb bekommen Pferde einen eigenen Erste-Hilfe-Kasten, die sogenannte Stallapotheke.

Die Pferdehaltung ist von Stall zu Stall unterschiedlich und ebenso ist die Organisation überall ein wenig anders. Allgemeingültig ist, dass Hilfsmittel, Verbandszeug und Medikamente sauber, trocken und an einem Ort zugänglich für alle unterzubringen sind. Dazu sollte dieser Ort für Kinder und Tiere nicht erreichbar sein. Sinnvoll ist es, die Verantwortlichkeit für die einzurichtende Stallapotheke klar zu regeln, ideal durch eine Person und ein Stellvertreter. Nichts ist ärgerlicher, als in dem Moment, wenn man dringend etwas braucht, ins Leere zu greifen.

Eine Stallapotheke wird idealerweise in Rücksprache mit einem Tierarzt einmalig eingerichtet und regelmäßig überprüft. Wer etwas entnimmt, sollte das Equipment zeitnah selbstständig ersetzen oder zumindest Bescheid geben, dass etwas fehlt. Im Laufe der Zeit wird man möglicherweise am Inhalt noch Verbesserungen vornehmen. Eine Liste, was die Stallapotheke enthalten sollte, hilft.

Werden regelmäßig lange Ausritte, Wanderritte oder Ähnliches unternommen, bietet es sich an, auch eine Erste-Hilfe-Tasche, die leicht am Sattel mitgenommen werden kann, zusammenzustellen. Diese Tasche sollte genauso gepflegt und geprüft werden wie die stationäre Apotheke.

Was darf nicht fehlen in einer Stallapotheke?

• Ein funktionierendes **Fieberthermometer** und ein **Ersatzfieberthermometer**, falls bei einem die Batterie leer ist oder eines gerade unterwegs ist.

• Eine **Schere**

• Eine **Zange,** mit der auch ungeübte Menschen mit einer durchschnittlichen Kraftanstrengung ein Eisen und Nägel bei beschlagenen Pferden entfernen können.

• **Verbandszeug:** Es lohnt sich unbedingt, in gutes Material zu investieren und das Verbinden zu üben. Am wichtigsten ist die Unterlage, ein Polstermaterial. Ideal sind zuschneidbare Rollen mit Mullauflage (Equimoll, Gamgee oder Vergleichbares) oder bereits zugeschnittene Stücke. Zur Befestigung empfehlen sich selbsthaftende elastische Bandagen (Alflex, Coflex oder Vergleichbares). Man kann auch die günstigeren Mullbinden verwenden. Selbsthaftende, elastische Bandagen sind allerdings viel einfacher zu benutzen, schnüren nicht ein und sind dazu noch in tollen Farben zu bekommen.

• Nicht haftende, einzeln verpackte, sterile **Wundauflagen**

• **Klebeband:** gern ein Textilklebeband, das auch auf feuchtem Grund klebt und beim Abrollen keine Geräusche macht.

• **Isolierband:** beispielsweise für Hufverbände, gern fünf Zentimeter breit. Dieses Band hält auch drei Tage im Schlamm. Aber Achtung: Die

Foto: Ilka Hoppe

Unbedingt in eine Stallapotheke gehören:

Fieberthermometer, Schere, Polstermaterial, Binden, Wundauflagen, Klebeband, desinfizierende Lösung, Wundsalbe.

Herstellung wurde optimiert, das Produkt ist jetzt lösungsmittelfrei. Die ideale Verarbeitungstemperatur liegt nun bei 20 °C. Wer sich beim Abreißen und Anbringen nicht ärgern möchte, lagert die Rolle also nicht kalt oder er steckt sie im Winter vor dem Benutzen kurz unter die Jacke zum Wärmen.

• **Desinfizierende Lösung** (Octenisept, Betaisodona oder Ähnliches)

• **Wundsalbe** zum Abdecken kleiner Wunden

Zusätzlich kann Folgendes die Stallapotheke sinnvoll ergänzen:
• Sauerkraut, Heilerdepaste, Kühlgel, Colosan
• Pflaster, die auf Fell halten (zum Beispiel Polsterplast)
• Stethoskop (man sollte den Umgang damit üben)
• Seitenschneider, um im Notfall Pferd und Zaun trennen zu können
• Oberlippenbremse
• Einmalhandschuhe
• Taschenlampe
• Waschlotion
• saubere Handtücher

Alles, was man zusätzlich zu der vorhandenen Stallapotheke benötigt, besorgt man sich neu. Verschreibungspflichtige Medikamente können nur für ein einzelnes Tier nach einer Diagnose verschrieben oder abgegeben werden, man kann und darf sie also nicht auf Vorrat lagern. Auf Medikamentenpackungen finden sich Hinweise zur Lagerung und Ablaufdatum, weshalb sie stets geprüft und erneuert werden sollten.

Die Stallapotheke sieht in vielen Ställen jedoch anders aus: angebrochene und abgelaufene Salben, mitgebrachte Autoverbandskästen oder Restmengen von verschiedenen Pulvern für und gegen alles Mögliche.

Was *nicht* in die Stallapotheke gehört und warum nicht:

- **Augenmedikamente:** Jede Beeinträchtigung an den Augen ist ernst zu nehmen und in aller Regel schmerzhaft. Die Behandlung erfordert die Diagnose durch einen Tierarzt. Nach der Diagnose können die genau passenden Medikamente gegeben oder verschrieben werden. Augenmedikamente sind steril und wollen sorgfältig gelagert werden. Kleine Verletzungen am Lidrand oder auf der Hornhaut können (falsch oder nicht behandelt) sehr unangenehme Folgen haben.

- **Überbleibsel und Medikamentenreste:** Hustenpulver, Säfte, Antibiotika, Corticoide und sonstige ins Futter zu mischende Substanzen. Auf nahezu jeder Packung befindet sich der Hinweis, wie lange nach Anbruch das Medikament verwendet werden darf und wie die Reste zu entsorgen sind. Das ist ernst zu nehmen. Eine Gabe ohne Diagnose durch den Fachmann kann gravierende Folgen haben. Oft ist es schlicht für diesen Fall das falsche Medikament und verschleiert oder verschlimmert die Symptome, sodass der Tierarzt später nicht mehr klar erkennen kann, was nötig ist, oder etwa notwendige Medikamente nicht mehr geben kann, weil sie sich mit der unpassenden Vorbehandlung nicht vertragen.

- **Homöopathika:** Auch homöopathische Behandlungen erfordern eine Diagnose. Natürlich kann ein Komplexpräparat wie etwa Traumeel vorrätig gehalten und erst mal eingesetzt werden, wenn Beeinträchtigungen am Bewegungsapparat vorliegen. Allerdings ist das kein Notfallmedikament und gehört schon deshalb nicht in

die Stallapotheke. Richtige Homöopathie, die potenzierte Einzelsubstanzen gezielt für den Einzelfall einsetzt, erfordert eine umfassende Ausbildung! Ungeeignet für eine Stallapotheke, die für alle zugänglich ist.

- **Naturmedizin:** Die wunderbaren Möglichkeiten, die Kräuter, Öle und Essenzen bieten, beziehen sich nahezu immer auf längere und begleitende Maßnahmen und nicht auf den Notfall, gehören also nicht in die Stallapotheke. Zudem sind sie leicht verderblich, licht- und temperaturempfindlich und daher nicht gut lagerfähig.

- **Windeln:** Es ist Tradition geworden, Hufverbände mit Windeln anzulegen, denn sie haben Klettverschlüsse und können leicht angebracht werden. Doch gerade die feuchtigkeitsentziehende Wirkung, die ihren Zweck bei Babys hervorragend erfüllt, ist am Pferdehuf kontraproduktiv. Zudem ist das in Windeln enthaltene Gel, wenn es die Windel verlassen hat, schwer zu entfernen und für Pferde nicht gesund.

- **Blauspray:** Es gibt klebrige, blau eingefärbte Wundsprays, die frei verkäuflich sind und (oft angebrochen) in Stallapotheken herumstehen. Traditionell gab es ein blaues klebriges Spray zur Pflege von Rinderklauen, das ein Antibiotikum enthielt, welches für die Anwendung beim Pferd nicht (mehr) zugelassen ist. Die heutigen Sprays enthalten andere Wirkstoffe, und eine mit solchem Spray behandelte Wunde kann nicht mehr genäht oder anders behandelt werden!

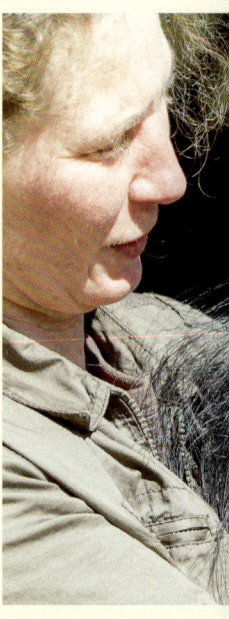

Richtig Fieber messen am After des Pferdes. *Foto: Christiane Slawik*

Fotos: Ilka Hoppe

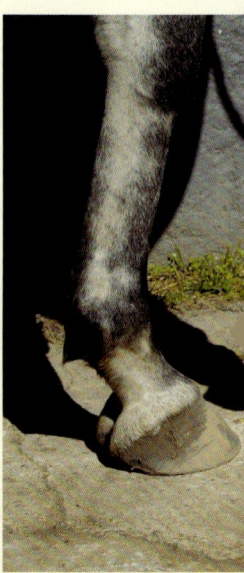

Idealerweise kennt man die Normaltemperatur des Pferdes. Die Körpertemperatur eines gesunden Pferdes liegt zwischen 37,5 und 38,0 °C. Nach der Arbeit oder unmittelbar nach dem Fressen kann sie höher sein, in diesem Fall später erneut messen.

Schere: Zum Abnehmen von Verbänden sollte man eine Verbandsschere nutzen, deren Spitze gerundet ist, sodass man sie in den Verband schieben kann, ohne das Pferd zu verletzen. Das Abnehmen eines Verbands funktioniert auch unter Zuhilfenahme einer Rasierklinge. Wer damit geübt ist, ergänzt seine Stallapotheke um Rasierklingen. Polsterunterlage kann man mit handelsüblichen Papierscheren zuschneiden.

Abnehmzange: Mit ein bisschen Übung kann jeder ein loses oder schief getretenes Eisen vom Huf entfernen, wenn eine geeignete Zange vorhanden ist. Sehr komfortabel ist zusätzlich eine Nagelziehzange. Auch ohne aufzunieten, kann von der Sohlenseite jeder einzelne Nagel entfernt werden. Mit der Abnehmzange kann man unter den Schenkel des Eisens greifen und hebeln. Eine zweite Person, die den Huf aufhält, kann hilfreich sein.

Anwendungshinweise zum Inhalt der Stallapotheke:

Fieberthermometer: Gemessen wird im After, bis es piepst. Bei Pferden, die damit nicht vertraut sind, misst man besser zusammen mit einer Person, die (auf derselben Seite wie man selbst) vorn am Pferd steht. Das Pferd sollte isoliert von der Herde stehen. Seitlich hinter dem Pferd zu stehen, ist eine möglicherweise gefährliche Position. Wenn es schwierig ist, sollte eine dritte Person dazukommen, die (auf derselben Seite wie man selbst) das Vorderbein aufhebt. Sollte das Pferd die Messung absolut nicht zulassen, ist die Wahrscheinlichkeit von hohem Fieber gering.

Verbände: Zum Abdecken oder Schutz von Wunden legt man die Wundauflage auf die Wunde, darüber das Polster ums Bein herum und fixiert es in der Mitte mit einer Tour der selbsthaftenden elastischen Bandage. Diese wickelt man (nicht zu fest) hinunter bis an den unteren Rand des Polsters und etwas fester (mit leichtem Zug) so wieder nach oben, dass jede Tour die vorhergehende um etwa ein Drittel überdeckt.

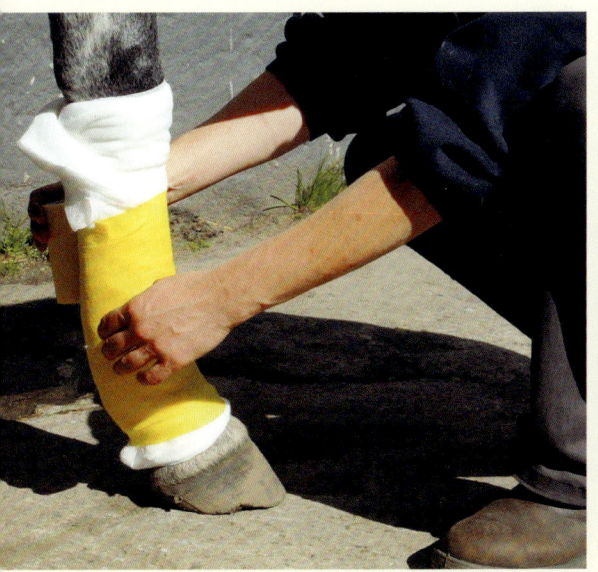

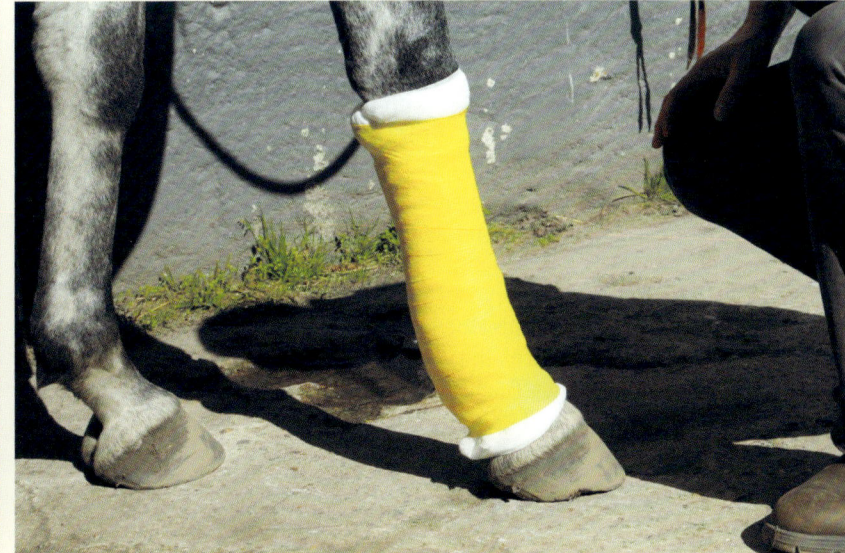

Korrektes Anlegen eines Hufverbands.
Fotos: Ilka Hoppe

Will man auf einer blutenden Wunde einen Druck-verband anbringen, legt man ein gefaltetes Polster über die aufgebrachte Wundauflage und dreht die Bandage beim Wickeln um sich selbst, um punktuell den Druck zu erhöhen. Bei starker Blutung ist eine schnelle Druckerzeugung zum Stillen der Blutung wichtiger als Sauberkeit, die Wundauflage darf auch weggelassen werden. Blutet der Verband durch, macht man noch einen zweiten darüber und entfernt den ersten nicht! Aus diesem Grund sollte ausreichend Verbandsmaterial in der Stallapotheke vorhanden sein.

Hufverbände sollen den Huf vollständig umgeben und über den Kronrand reichen. Sie benötigen eine Sohle (Isolierband).

Das Anlegen von verschiedenen Verbänden sollte am unverletzten Pferd in Ruhe und unter Anleitung geübt werden (dafür gibt es „Erste Hilfe für Pferde"-Kurse).

Desinfizierende Lösung nutzt man von oben nach unten zum oberflächlichen Reinigen von Wunden. Bitte nicht in die Wunde hineinspülen!

Wundsalbe kann zum Abdecken kleiner oberflächlicher Verletzungen an ungefährlichen Stellen (nicht auf Gelenken und am Auge, nicht wenn viel Blut oder andere Flüssigkeit aus der Wunde kommt) benutzt werden.

Die Stallapotheke plus enthält auch:

Sauerkraut: Sehr gut geeignet, um geprellte Hufe zu versorgen. Sauerkraut in den Verband geben und zwei Tage einwirken lassen.

Heilerde: Auf geschwollene, warme Bereiche großzügig auftragen, kleine Wunden können mit bedeckt werden.

Kühlgel: Auf geschwollene, warme, unverletzte Bereiche dünn auftragen.

Colosan: Bei Kolikverdacht eingeben und das Pferd führen. Vorher beim Tierarzt anrufen und deren Zustimmung einholen!

Pflaster können über eine mit Wundauflage abgedeckte Wunde an Stellen verwendet werden, an denen kein Verband hält.

Stethoskop: Bereits nach sehr wenig Übung kann man Herztöne und die Atmung beim Pferd damit abhören. Der Puls liegt bei etwa 36 Schlägen pro Minute, die Atemfrequenz bei 16. Beides steigt bei Anstrengung und bei Schmerzen. Darmgeräusche hört man gut mit bloßem Ohr an der Bauchwand (allerdings wird das Ohr dabei vielleicht schmutzig).

Oberlippenbremse: Das Werkzeug heißt so, weil man es zum Bremsen überschießender Reaktion des Pferdes auf die Oberlippe nutzt (nur auf die Oberlippe!). Hier entsteht durch den Druck ein Signal, wodurch das Pferdegehirn Endorphine

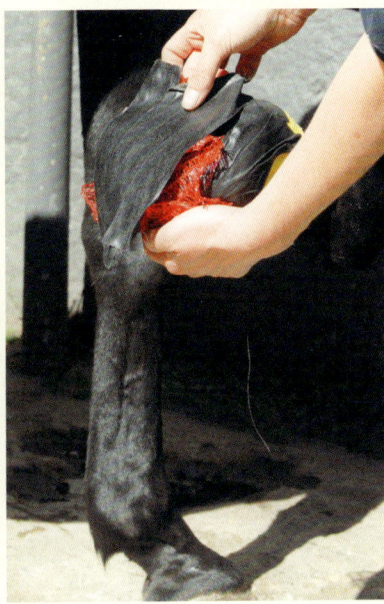
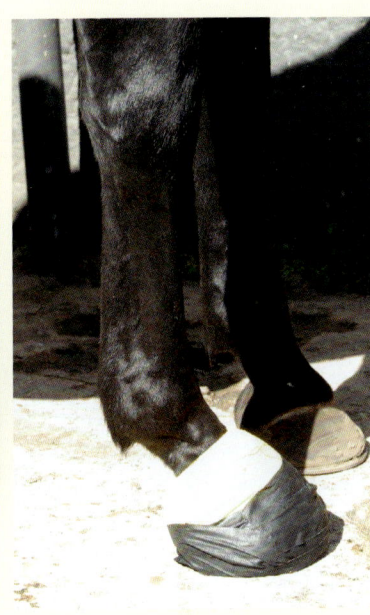

(„Wohlfühlsubstanzen") ausschüttet, und dem Pferd erscheint alles nicht mehr so schlimm. Dieser Vorgang dauert knapp eine Minute. Durch das Auflegen der Bremse werden notwendige Behandlungen sicherer für den Menschen. Ähnlich funktioniert die Aktivierung des Sedationspunkts oberhalb der Augenlinie. Das gelingt mit den Fingern, der flachen Hand oder einem Gitterpflaster.

Damit der Inhalt einer Stallapotheke im Fall der Fälle sinnvoll eingesetzt werden kann, braucht es geübte Pferdemenschen, die Ruhe bewahren können und sorgfältig und sachkundig mit dem Pferd umgehen. Das kann und sollte geübt werden. Die Pferde (auch in halbwilder Haltung) sollten insofern an Menschen gewöhnt sein, dass sie sich ohne Stress gut behandeln lassen. Idealerweise ist in der Nähe der Pferde ein Behandlungsplatz, der ebenerdig, hell beleuchtet und den Pferden vertraut ist.

Bei Haltungsformen, bei denen die Pferde sich unbegrenzt bewegen dürfen, sollte zusätzlich ein **Krankenpaddock** oder eine **Notfallbox** verfügbar sein oder aufgebaut werden, in der das zu versorgende Pferd einzeln untergebracht werden kann, ohne sich isoliert zu fühlen. Falls ein Transport in eine Klinik notwendig werden sollte, sollte man sich vorab über die entsprechenden Möglichkeiten informieren. Alle wichtigen **Telefonnummern** und **Anschriften** dürfen in der Stallapotheke nicht fehlen. Im Idealfall finden sich hier auch Informationen aller Pferde über den aktuellen **Impfstatus** (Tetanus) und bekannte **Arzneimittelunverträglichkeiten.**

Obwohl vorausdenkende Pferdemenschen sicherheitshalber für ihre Pferde eine umfangreiche und vollständige Stallapotheke angelegt haben, brauchen sie diese meistens nicht. Doch im Notfall geht es um Sekunden, und das Fehlen einer vollständig eingerichteten Stallapotheke kann fatale Folgen haben. Falls nicht schon vorhanden, ist also *jetzt* der beste Augenblick, um gleich die eigene Stallapotheke einzurichten!

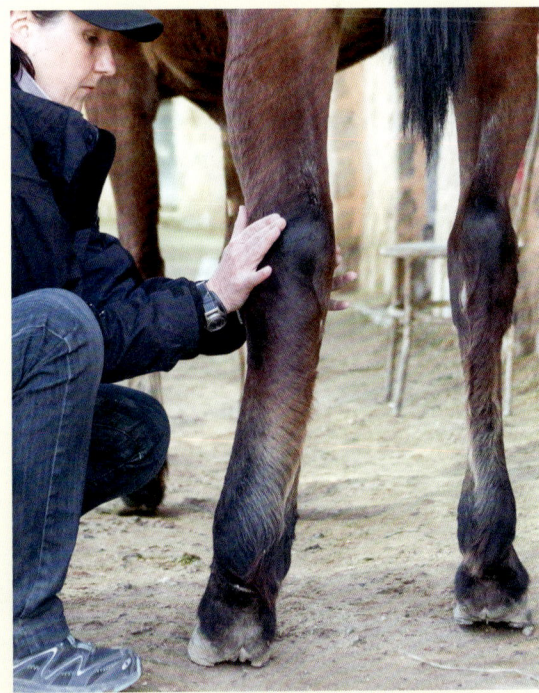

Besonders ein krankes oder verletztes Pferd sollte sich vertrauensvoll vom Menschen untersuchen und behandeln lassen. *Foto: Christiane Slawik*

Energetische Erste Hilfe

Akupunktmassage nach Penzel (APM)

von Kirsten Fleiser

Jeder achtsame Pferdemensch ist besorgt, wenn er bemerkt, dass es dem Pferd nicht gut geht. Umso besorgter wird er, wenn das Pferd selbst nervös ist. Um das Risiko von weiterer Aufregung oder gar Verletzungen zu minimieren, gilt es, die Zeit bis zum Eintreffen des sofort verständigten Tierarztes sicher zu überbrücken. Wie kann der Mensch in einem solchen Fall gegensteuern und dem Tier Linderung verschaffen?

Die Akupunktmassage nach Penzel (APM) bietet jedem Pferdemenschen und Pferdebesitzer leicht umsetzbare, energetische Techniken als Ergänzung zur klassischen veterinärmedizinischen Behandlung. Sie schafft Erleichterung und bereitet das Pferd optimal auf die weitere Behandlung vor. Anna Renata Schultz, Katrin Turrey und Rolf Kirschbaum sind Ausbilder an der APM-Akademie nach Penzel und erklären, welche Maßnahmen geeignet sind. Grundsätzlich ist die Herangehensweise vor einer APM-Behandlung eine energetische Befundung. Gezielt wird nach Energieflussstörungen geschaut. Sie äußern sich in unterschiedlicher „energetischer Abstrahlung", die man als Wärme und/oder Kälte wahrnimmt. Bei akut auftretenden Notfällen sind die Symptome häufig offensichtlich und in den meisten Fällen ist der Hintergrund ein Füllezustand (Wärme-/Hitzestau), sodass sofort mit der Behandlung gestartet werden kann.

Die Akupunktmassage ist nicht zu verwechseln mit Jin Shin Jyitsu (besser bekannt als „Heilströmen"). Auch bei dieser Methode wird energetisch gearbeitet, indem man die Hände auf zwei unterschiedliche Positionen am Körper platziert. Beim Heilströmen erfolgt das jedoch auf vorgegebenen Punkten am Körper, den sogenannten Schlössern, und zumeist auf derselben Körperseite.

Bei der APM ist das Ziel, ein energetisches Ungleichgewicht zu beseitigen. Dabei liegen sich das „Zuviel" (Wärme) und das „Zuwenig" (Kälte) oft gegenüber. Man stelle sich daher einen Bratspieß vor, der gerade durch den Körper geht, und hat dann die Positionen für die Hände. Entweder von oben nach unten – typisch bei Kastrationsnarbe beziehungsweise Euter und der Kruppe – oder von links nach rechts wie bei Brandzeichennarben.

Begriffserklärung und Anwendung

Notfallpunkt
Dieser Punkt sitzt mittig auf der Oberlippe. Dort, wo das Fell beginnt, auf Höhe des Zahnfleisches, wird er mit dem Finger im Uhrzeigersinn kreisend aktiviert.

Akupunktakt
Man legt eine Hand auf den warm und eine auf den kalt abstrahlenden Bereich und lässt sie so lange dort, bis sich die Temperatur (besser gesagt die Abstrahlung) unter beiden Händen gleich anfühlt.

Gouverneursgefäß – GG
Dieser Sondermeridian verläuft auf der Körpermittellinie. Er beginnt oberhalb der Maulspalte und verläuft über den Kopf, durch die Mähne, die Dornfortsätze entlang, über die Schweifrübe und unter ihr entlang bis oberhalb des Afters.

Konzeptionsgefäß – KG
Dieser Sondermeridian beginnt unterhalb des Afters. Bei Stuten verläuft er beidseitig um die Scheidenöffnung herum, bei Wallachen/Hengsten direkt zwischen den Hinterbeinen nach vorn, entweder mittig durch das Gesäuge oder um die Schlauchtasche herum, und weiter nach vorn bis zur Unterlippe.

Kleiner Kreislauf – KKL
Er besteht aus den beiden Sondermeridianen Gouverneursgefäß (GG) und Konzeptionsgefäß (KG). Damit beide einen Kreislauf bilden, verbindet man sie sowohl um die Maulspalte als auch um den After herum.

Verkürzter Kleiner Kreislauf
Dafür beginnt man hinter dem Bauchnabel und streicht mit der Hand seitlich nach oben bis zur Wirbelsäule. Von dort streicht man zur Körpermitte wie beim KKL, bis man wieder am Startpunkt ankommt. Der Behandler arbeitet auf beiden Körperseiten, um das gesamte Gürtelgefäß zu nutzen.

Kleiner Kreislauf am Ohr
Jedes Ohr repräsentiert die gleichseitige Körperhälfte. Daher sollte man nach Möglichkeit beide Ohren behandeln.

Prießnitzwickel
Ein Baumwoll- oder Leinentuch wird in eiskaltes Wasser ohne Zusätze gegeben und dann gründlich ausgewrungen. Dann wickelt man es um die betroffene Körperstelle und bedeckt es mit einem trockenen Tuch. Als dritte Schicht folgt ein Wollschal oder eine Bandage aus Wolle. Die Anwendungsdauer beträgt circa eine Stunde.

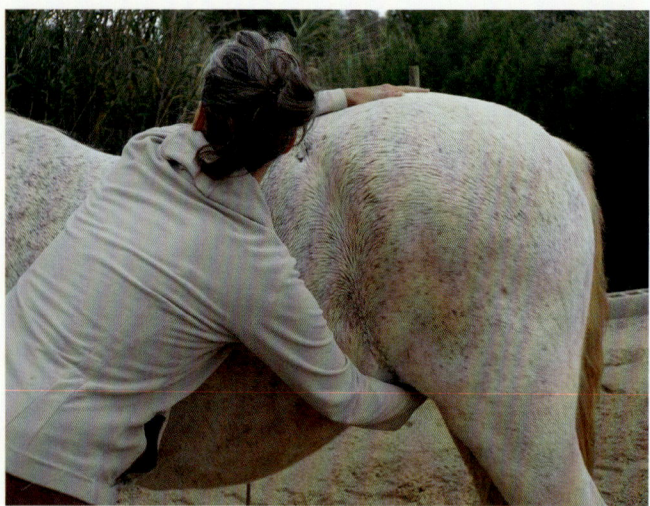

Akupunktakt mit „Bratspieß" – hier zwischen Kruppe und Kastrationsnarbe. *Foto: Kirsten Fleiser*

Beispiel: Kolik

Die Schmerzen sind dabei im Yin angesiedelt, sprich im unteren Bereich des Rumpfs. Die Behandlung muss im schmerzfreien Gebiet erfolgen, also an Kopf, Hals und Rücken. Die Ausbilder sind sich einig, als Erstes den Notfallpunkt zu stimulieren. Dazu empfiehlt Katrin Turrey, als Nächstes mehrfach das davon ausgehende Gouverneursgefäß abzustreichen. Falls kein Stäbchen parat ist, einfach mit einer harten Bürste oder der eigenen Hand entlangfahren. Rolf Kirschbaum ergänzt, dass auch eine weiß strahlende LED-Taschenlampe unterstützend eingesetzt werden kann. Anna Renata Schultz zieht das Gouverneursgefäß gezielt von der Mitte der Brustwirbel bis zum Kreuzbein, um den darunterliegenden Dickdarm zum Äppeln anzuregen. Auch das Schwingen nach Anna Renata Schultz (siehe Natural Horse 28 01/2020) kann hier

Grundsätzlich muss bei einer Kolik der Tierarzt gerufen werden. Erste Hilfe nach APM-Penzel kann die Zeit bis zu dessen Eintreffen überbrücken. *Foto: Kirsten Fleiser*

schnelle Erleichterung bringen, besonders im Bereich der Hinterhand, gern unter Zuhilfenahme des Schweifs.

Voraussetzung für die Erste Hilfe ist natürlich, dass der Behandler überhaupt an das jeweilige Tier herankommt, ohne dabei die eigene Sicherheit zu gefährden. Eine Möglichkeit zum Überwinden der Distanz ist die Bestrahlung mit Farblicht. Dafür nutzen die drei Therapeuten ein Notfallset mit den Farben: Rot für die Aktivierung, Grün zur Harmonisierung und Blau zur Beruhigung des Gewebes. Zur Vertrauensbildung rät Rolf Kirschbaum zur goldenen Mitte, sprich zu Grün. Pferde zeigen deutlich, ob die Farbe stimmt oder nicht.

Falls sie gerade keine Lampe hat, nutzt Anna Renata Schultz das Farbenlehrebuch von Dieter Mahlstedt, der als Erster die APM aufs Pferd adaptierte. Darin wird jedem Finger eine spezifische Schwingung und Farbstrahlung zugeordnet: Daumen Blau, Zeigefinger Orange, Ringfinger Grün, kleiner Finger Rot und der Mittelfinger in unterschiedlichen Wellenlängen. Anna Renata Schultz zielt daher zur Beruhigung mit dem Ringfinger Richtung Pferdekopf. Die Pferde entspannen daraufhin und senken den Kopf.

Beispiel: Trittverletzung

Nach einer Rangelei auf der Koppel ist das vordere linke Karpalgelenk dick und warm. Alle drei Experten sehen hier die Lösung im Prinzip der korrespondierenden Gelenke. Um das „Zuviel" an Energie möglichst weit wegzuleiten, muss diese zum diagonalen Hinterbein, in diesem Fall zum rechten Sprunggelenk, gebracht werden. Dafür rät Rolf Kirschbaum dazu, dieses entweder kräftig zu bürsten, bis es richtig warm wird, oder es mit rotem Licht zu bestrahlen. Der damit angeregte Entzug der Energie aus dem Karpalgelenk führt dazu, dass der Körper in seiner Selbstregulation unterstützt wird und das Gegensteuern weniger heftig wird. Katrin Turrey empfiehlt zusätzlich noch, oberhalb des linken Karpalgelenks in Energieflussrichtung nach oben hin auszustreichen. Sofern die eigene Spannbreite groß genug ist, ist auch ein Akupunktakt (siehe Natural Horse 38 01/2022) zwischen beiden Gelenken denkbar.

Aus der eigenen Erfahrung heraus könnte man auch auf die Idee kommen, das geschwollene Gelenk konstant mit kaltem Wasser abzuspritzen. Die daraus resultierende Kühlung mindert allerdings die Durchblutung. Anna-Renata Schultz nutzt dafür die physikalische Hydrotherapie, sprich den Gebrauch von Wasser zur Linderung und Heilung von akuten und chronischen Krankheiten – den „Prießnitz-Wickel". Darunter entsteht ein Mikroklima, das zunächst kühlt und dadurch den Blutkreislauf anregt, das entsprechende Gebiet zu versorgen und gleichfalls von Stoffwechsel-Müll zu befreien. Die gesteigerte Durchblutung kann die Heilung beschleunigen und Schmerzen lindern.

Beispiel Atemprobleme

Bei akuten Atemschwierigkeiten mit oder ohne Husten bietet sich auf jeden Fall an, den Punkt Lunge 1 und den dazugehörigen Lungenzustimmungspunkt jeweils pro Körperseite zu verbinden. Gleiches gilt für das Zwerchfell zwischen Sternumspitze unterm Bauch und der Lendenwirbelsäule. Anna Renata Schultz nutzt auch den sogenannten Asthma-Drachen von Dr. med. vet. Susanne Hauswirth. Dafür wird der Punkt „Lunge 1" mit blauem Licht bestrahlt (Blau ist die Frequenz des Lungenmeridians) oder man massiert den Punkt im Uhrzeigersinn kreisend für circa eine Minute. Im Anschluss werden noch zwei Punkte auf dem Konzeptionsgefäß tonisiert, indem man sie mit dem Finger im Uhrzeigersinn kreist: KG 17 mittig zwischen den Vorderbeinen (empfiehlt sich auch bei Kreislaufproblemen) und KG 23 mittig in der Kehle.

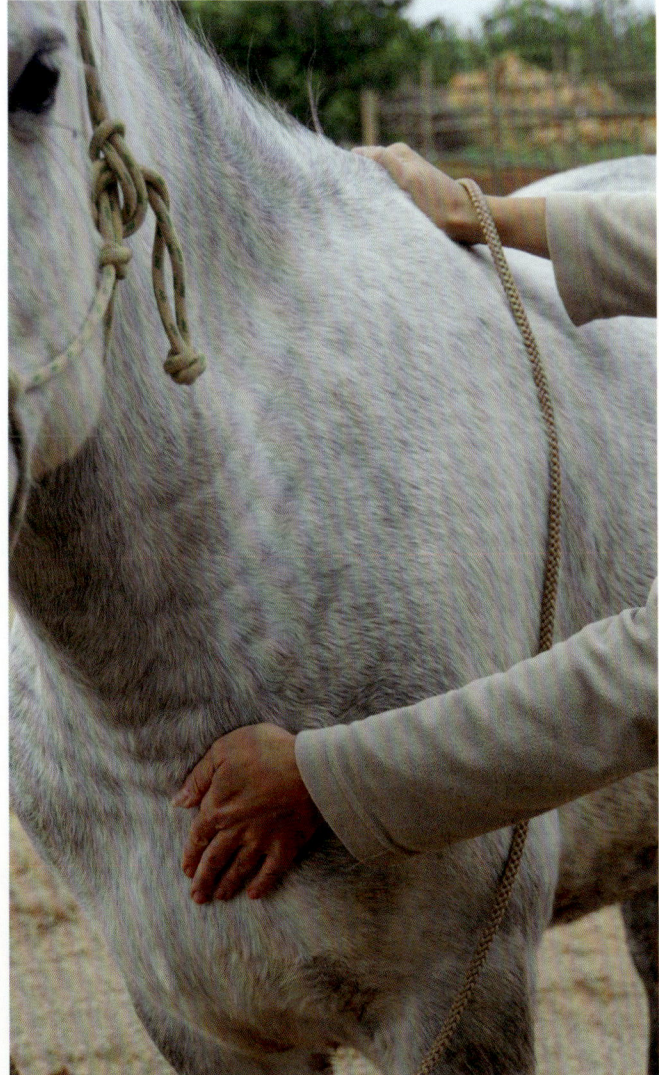

Atembeschwerden können über den Lungenmeridian mit dem Lungen-Zustimmungspunkt am Widerrist und dem Lu-1-Punkt (linker Arm) behandelt werden. *Foto: Kirsten Fleiser*

Beispiel frische Wunden

Eine akute, offene Verletzung wird zuerst gereinigt. Danach ist für Katrin Turrey blaues Licht das Mittel der Wahl, um das Gewebe zu beruhigen. Blau wirkt kühlend und schmerzlindernd, daher ist es auch für die Bestrahlung von geschwollenen Bereichen (Insektenstich oder Satteldruck) geeignet. Blaues Licht regt nachweislich die Produktion besser gesagt den Transport von Stickstoffmonoxid (NO) zur Wunde hin an. Die Wundheilung wird durch NO gefördert, da es für den Zellschutz essenziell ist.

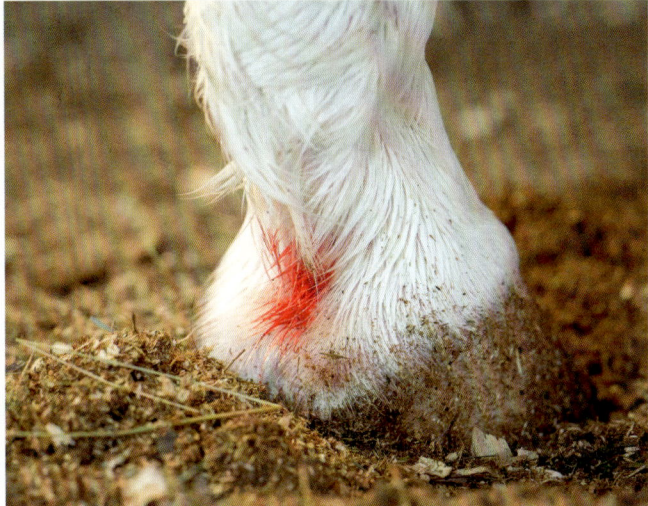

Das Gewebe bei frischen Wunden kann durch Blaulicht beruhigt werden. *Foto: Christiane Slawik*

Beispiel: Hufrehe

Ein akuter Schub ist ohne Pulsationstest häufig optisch an der typischen „Sägebockstellung" erkennbar. Dabei sind die Vorderbeine deutlich nach vorn gestreckt und die Hinterbeine weit unter den Bauch geschoben. Der Schmerz sitzt in den Hufen, daher rät Katrin Turrey zum „Kleinen Kreislauf" (KKL), um die Energie nach oben zu ziehen. Falls nur die Vorderhufe warm abstrahlen, bringt sie über das Ziehen des verkürzten Kleinen Kreislaufs das Zuviel an Energie möglichst weit weg von vorn-unten nach hinten-oben, um dem Tier die Schmerzen erträglicher zu machen.

Beispiel: Schwächezustand

Bei allgemeiner Schwäche bis hin zum Schock bietet sich das Gürtelgefäß an. Die dort gespeicherte Energiereserve hilft, die absackenden Vitalfunktionen zu stabilisieren. Dafür muss das Gürtelgefäß rechtsherum mit der Hand oder der Bürste aktiviert werden. Wenn man von hinten auf das Pferd draufschaut, dann im Uhrzeigersinn linke Seite rauf, über die Rückenmitte und rechte Seite runter. Hilfreich ist auch die Anwendung von orangem Licht, um die Energie in Schwung zu bringen.

Alternativ kann der Kleine Kreislauf (KKL) die Energie in den Rumpf und dort zum Fließen bringen. Sollte das Pferd ungünstig liegen oder nur unter Gefahr für die eigene Gesundheit erreichbar sein, gibt es eine Alternative im Miniaturformat: das Ziehen des Kleinen Kreislaufs (KKL) der Ohren.

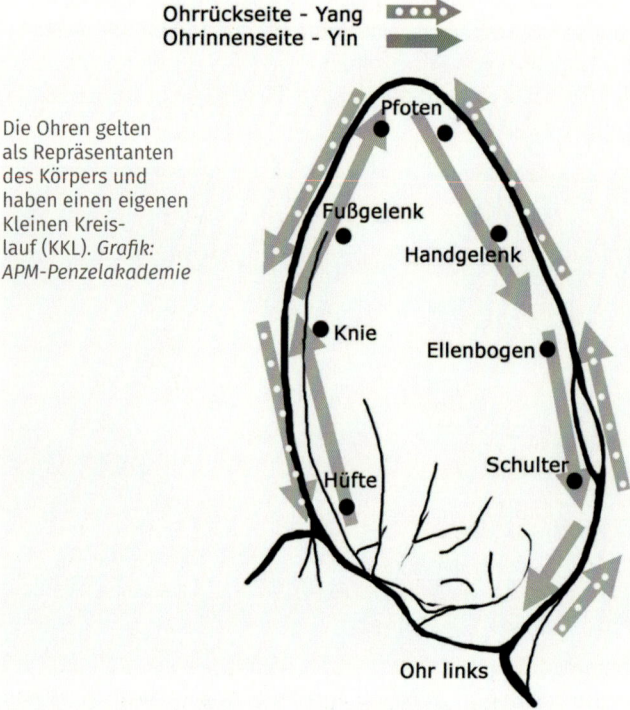

Die Ohren gelten als Repräsentanten des Körpers und haben einen eigenen Kleinen Kreislauf (KKL). *Grafik: APM-Penzelakademie*

Liegt das Pferd bereits erschöpft und zitternd am Boden, spielt neben den körperlichen Symptomen Angst eine große Rolle. Erdung bringt hier die Bestrahlung des Wurzel-Chakras an der Schweifwurzel mit rotem Licht. Das Herz-Chakra zwischen den Vorderbeinen wird durch grünes und/oder rosa Licht gestärkt, sowohl physiologisch als auch im übertragenen Sinne.

Grundsätzlich ist allerdings zu unterscheiden, ob das Pferd aufgrund eines schwachen Kreislaufs oder mangels Kraft in den Beinen nicht mehr hochkommt. Macht das Tier einen wachen Eindruck und es fehlt eher an Kraft in den Beinen, sollten diese gezielt aktiviert werden. Laut Dieter Mahlstedt bringt der umgekehrt gezogene Kleine Kreislauf wieder Energie in die Beine. Ergänzend dazu lohnt die intensive Massage der Kronsäume, um die dort befindlichen Anfangs- beziehungsweise Endpunkte der zwölf Hauptmeridiane miteinander zu verbinden. Eine speziell entwickelte APM-Creme verstärkt die Wirkung nachhaltig.

Bei einem Schwächezustand in der Lendenwirbelsäule bringt Rolf Kirschbaum mit rotem Licht die Information der spezifischen Wellenlänge ein. Alternativ verwendet er dafür auch echte Wärmeenergie über eine Moxa-Zigarre.

Beispiel: Kreuzverschlag

Betroffene Pferde sollten sich so wenig wie möglich bewegen und gegebenenfalls mit einer leichten Decke geschützt werden, weil sie oft stark schwitzen. Auch hier wählen alle drei Therapeuten den „Notfallpunkt" als Sofortmaßnahme. Katrin Turrey zieht in einem solchen Fall im Anschluss (je nach energetischem Befund) entweder den gesamten Kleinen Kreislauf oder eines seiner Teilgefäße (Gouverneursgefäß oder Konzeptionsgefäß). Ergänzend dazu bearbeitet sie die Kronsaumränder, optimalerweise zusammen mit der APM-Creme. Danach nutzt sie das Linderungspotenzial der ARS-Schwingungstherapie (siehe Natural Horse 28 01/2020). Ziel ist, den parasympathischen Zustand von Entspannung und Stoffwechselaktivität zu erreichen. Da die schmerzenden Muskeln beim Kreuzverschlag hart, schlecht durchblutet und entzündet sind, bedarf es sanfter Kontraktionen von außen, um diese zu lockern und reaktiv zu machen.

Nicht nur für akute Notfälle

Diese Erste-Hilfe-Anwendungen sind nicht nur für akute Notfälle sinnvoll. Manchmal kommt das Pferd etwas klamm von der Weide und reagiert empfindlich bei Berührung in der Sattellage. Dies muss nicht unbedingt ein Kreuzverschlag sein, vielleicht ist lediglich ein Wirbel blockiert. Für Rolf Kirschbaum ist dies ein Paradebeispiel dafür, welchen Unterschied die Herangehensweise macht – insbesondere die geistige Einstellung, mit der man sich dem Pferd nähert. Allein diese kann für das Ergebnis entscheidend sein. Wenn man helfen möchte, reicht es manchmal schon, einfach nur eine Hand auf die entsprechende Stelle zu legen. Damit bringt man den Fokus des Pferdes auf diesen Punkt und dessen körpereigene Intelligenz beginnt sich damit auseinanderzusetzen. Oft bringt bereits dies eine Linderung und das Pferd entspannt sich.

Auch Anna Renata Schultz setzt auf schrittweise Annäherung. Als sie noch in Argentinien lebte und ein Poloturnier therapeutisch begleitete, steckte ein Holzstückchen im Kopf eines Ponys. Um sich dem Tier vertraut zu machen, widmete sie sich zunächst den „Freundschaftspunkten". Diese sind im Bereich des Widerrists und der Kruppe, wo sich die Pferde gegenseitig das Fell knabbern. Dann tastete sie sich vom schmerzfreien Bereich aus langsam zur betroffenen Stelle vor, indem sie die Energie in Energieflussrichtung ableitete. Dank ihrer desensibilisierenden Vorbereitung konnte der gerufene Tierarzt direkt Hand an die betroffene Stelle anlegen, ohne das Pferd zu überrumpeln.

So auch bei einer Trakehner-Hengstkörung: Im Freispringen landete ein Pferd so ungünstig, dass die Hinterbeine seitlich gegrätscht waren. Trotz vermutlich starker Schmerzen stand das Pferd allein auf. Für eine schnelle Linderung lenkte Anna-Renata Schultz die Energie zunächst von hinten nach vorn in

Das Ziehen des Kleinen Kreislaufs (KKL) kann bei Schwächezuständen helfen, das Pferd zu stabilisieren.
Grafik: Susanne Retsch-Amschler

Energieflussrichtung. Danach war es sogar möglich, die Beine direkt zu berühren und die Energie abzuleiten. Die Verletzung heilte folgenlos aus.

Tiere können aufgrund einer negativen Erfahrung das Vertrauen in den betroffenen Körperbereich verlieren. Daraus können sich Schonhaltungen entwickeln. Häufig kommt es zum Lymphstau aufgrund mangelnder Durchblutung bis hin zur Entzündung. Das Gewebe wird fest und es entstehen Bewegungseinschränkungen. Die Ursache von Schmerzen ist aus Sicht der APM immer eine Energieflussstörung. Die gerade genannten Folgen können durch die energetischen Erste-Hilfe-Maßnahmen, wie sanftes Ausstreichen, monochromatisches Farblicht und leichtes Schwingen, gemildert oder sogar verhindert werden.

Kirsten Fleiser, studierte Versicherungsbetriebswirtin aus Köln, wandte sich nach einem Sabbatjahr in spanischen Reitbetrieben immer mehr der Gesunderhaltung von Pferden zu. Es folgten Qualifizierungen zur zertifizierten Trainerin für Dual-Aktivierung® und Equikinetic® sowie zur APM-Therapeutin nach Penzel für Pferde und zur equinen Bowen-Anwenderin. Als Pferdewohlaktivistin veranstaltet sie auf Mallorca seit Jahren Reiterstammtische mit pferdefreundlichen Experten aus Deutschland.
www.caballance.de

Heimische Kräuter

Verwendung nach der TCM-Kräuterheilkunde

Kolumne von Stephanie Reineke

Foto: Stephanie Reineke

Oft schauen wir über interessante Heilpflanzen einfach hinweg. Entweder, weil wir die Pflanzen selbst oder ihre besonderen Wirkungen nicht kennen. Viele unserer heimischen Pflanzen und solche, die bei uns im Zierpflanzengarten oder auf der Fensterbank heimisch geworden sind, werden in der traditionellen chinesischen Kräuterheilkunde verwendet. Es lohnt sich also, genauer hinzuschauen, was im eigenen Garten oder auf der Fensterbank wächst. Nicht selten entpuppt sich dabei scheinbares Unkraut als wirkungsvolles Heilkraut.

Einige dieser Heilpflanzen kommen sowohl in der westlichen wie auch in der TCM-Phytotherapie zum Einsatz. Manchmal sind deren Heilwirkungen aber unterschiedlich beschrieben. Der *Weißdorn (Crataegus)* gilt in der europäischen Kräuterheilkunde als Herztonikum, in der TCM (Traditionellen Chinesischen Medizin) zählt er zu den verdauungsfördernden Kräutern. Warum ist das so?

Während in der europäischen Heilkunde hauptsächlich die Blätter und Blüten des *Ein- und Zweigriffeligen Weißdorns (Crataegus monogyna* und *C. laevigata)* verwendet werden, kommen in der TCM die Früchte des *Fiederblättrigen Weißdorns (Crataegus pinnatifida)* zum Einsatz.

Blätter und Blüten des Weißdorns.
Foto: Stephanie Reineke

Weißdornbeeren.
Foto: Stephanie Reineke

Häufig werden in der TCM andere Pflanzenteile oder Pflanzenunterarten als in der TEM (Traditionellen Europäischen Medizin) verwendet, da vor über 3000 Jahren im alten China andere Pflanzen wuchsen als in Europa. Mittlerweile sind auch in Deutschland viele dieser asiatischen Pflanzen zu Hause, zum Beispiel als Zierpflanzen im Garten.

Die Wirkungen der chinesischen Heilkräuter wurden über Selbstversuche ermittelt.

Da die alten Chinesen noch nichts über Pharmakologie wussten (damals gab es noch keine wissenschaftlichen Tests), haben sie die Wirkung der verschiedenen Arzneikräuter über Selbstversuche und Beobachtungen ermittelt. Bei diesen Beobachtungen ging es vor allem darum, herauszufinden, welche physiologischen Veränderungen die Einnahme einer Wurzel oder einer Frucht herbeiführt. Bei der Einnahme der *Ingwerwurzel* etwa fing der Patient an zu schwitzen, hatte ein wärmendes Gefühl im Magen, die Bauchschmerzen und Übelkeit wurden gelindert. Bei der Einnahme von *Forsythienfrüchten* ging das Fieber runter und Hautgeschwüre verbesserten sich. Diese Wirkungen wurden über eine lange Zeit beobachtet und aufgezeichnet. In diesen Aufzeichnungen wurden die Arzneipflanzen mit ihren wirksamen Bestandteilen in verschiedene TCM-Kategorien eingeteilt.

Wichtig waren den chinesischen Ärzten das **Temperaturverhalten** (kalt, kühl, neutral, warm, heiß), die **Geschmacksrichtung** (sauer, bitter, süß, scharf, salzig), der **Wirkort** (Haut, innere Organe, Bewegungsapparat usw.) und die **Wirkrichtung** (tief, oberflächlich, emporhebend oder absenkend).

Kalte Kräuter werden bei Erkrankungen mit Hitze (zum Beispiel Entzündungen) verordnet, warme Kräuter bei Kälte-Erkrankungen (zum Beispiel Arthrose, die im Winter schlimmer wird). Die Geschmacksrichtung gibt Auskunft über die Wirkungsweise der Kräuter. Der scharfe *Ingwer* etwa öffnet die Poren und lässt den Körper schwitzen. Deshalb gehört er zu den TCM-Kräutern, die die Oberfläche öffnen und wärmen. Die saure grüne *Zitrusfrucht* hingegen zieht alles zusammen. Der saure Geschmack wirkt adstringierend und kann bei Diarrhö und Kotwasser eingesetzt werden. Bitter wirkt trocknend und kühlend, salzig befeuchtend und erweichend. Der süße Geschmack harmonisiert und reguliert. Der Wirkort bestimmt, in welchem Körperbereich die Arzneikräuter ihre Wirkung am besten entfalten. Die Wirkrichtung bestimmt den beeinflussbaren Körperbereich oder die Korrektur pathologischer Krankheitsbilder. Husten muss abgesenkt werden, während Kotwasser gehalten bzw. emporgehoben werden muss. Ist die Wirkrichtung oberflächlich, dann wirkt diese Arznei

in erster Linie auf Haut, Fell, Sehnen und Muskulatur. Ist die Wirkrichtung tief, wirkt die Arznei auf Knochen oder innere Organe. Die Wirkrichtung ergibt sich aus dem Temperaturverhalten und der Geschmacksrichtung. Schlussendlich werden die Kräuter in ihrer Wirkung einem oder mehreren Funktionskreisen zugeordnet, was sie zusätzlich spezifiziert.

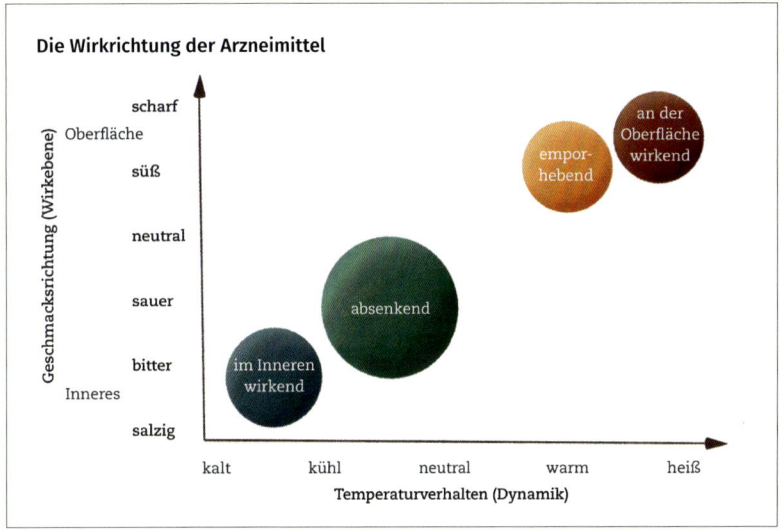

Grafik aus dem Buch „TCM-Phytotherapie in der Veterinärmedizin", siehe Seite 78

Die Auswahl der passenden Kräuter am Beispiel „Ekzem"

Das Pferd leidet unter einem Ekzem, das nur in den warmen Sommermonaten auftritt. Die Ekzeme fühlen sich heiß an und nässen. Zusätzlich kommt es im Sommer oft zu einer Sehnenschwellung. Der Puls ist schnell, die Zunge rot und geschwollen (Hinweise auf eine Feuchte-Hitze-Erkrankung). Das Pferd braucht also eine kühle bis kalte, bittere und oberflächlich wirkende Kräutermischung.

In der folgenden Artikelserie werden einige chinesische Heilpflanzen vorgestellt, die auch in Deutschland wachsen. Den Anfang macht der allen bekannte Löwenzahn.

Der kühlende und trocknende *Diptam* wächst gern auf kalkhaltigen Böden, auch bei uns in Deutschland. Er hilft bei eitrigen, entzündeten Geschwüren und lindert Juckreiz. *Foto: Stephanie Reineke*

1. Löwenzahn

Taraxacum officinale/Taraxacum mongolicum, Pu Gong Ying
蒲公英

Die meisten Pferde mögen den Löwenzahn und fressen ihn gerne.
Foto: Christiane Slawik

Der Löwenzahn wird landläufig auch *Pusteblume* genannt, da die gefiederten Samen auch weggepustet werden können. Dem Aberglauben nach können zum Beispiel die Lebensdauer oder die Dauer bis zur Hochzeit anhand der verbliebenen Samen abgelesen werden.

In der westlichen Heilkunde findet der *Löwenzahn (Taraxacum officinale)* als komplette Pflanze mit Blättern, Blüten und Wurzel Verwendung bei Stoffwechselproblemen, bei Gallensteinen, zur Leberentgiftung und als Verjüngungskur für Bindegewebe, Leber und Nieren. Die getrocknete und geröstete Wurzel des *Rauen Löwenzahns (Leontodon hispidus)* kann als Kaffeeersatz verwendet werden.

In der chinesischen Medizin findet der unserem einheimischen Löwenzahn sehr ähnliche *Mongolische Löwenzahn (Taraxacum mongolicum)* Verwendung. Er gehört zu den *Korbblütlern (Asteraceae)* und wirkt pharmakologisch antimikrobiell und antibiotisch. Sein chinesischer Name „*Pu Gong Ying*" ist ein Eigenname, der sich nicht übersetzen lässt. Entstanden ist der Name wohl aus einer chinesischen Legende: Eine junge Frau namens *Gong Ying* erkrankte an einem Brustabszess. Von ihrer Mutter der Unschicklichkeit bezichtigt, wollte sie sich ertränken. Ein Fischer namens Pu rettete Gong Ying aus dem Wasser, und nachdem er ihr den Sud aus einer gelb blühenden Pflanze zu trinken gegeben hatte, wurde sie wieder gesund. So bekam der chinesische Löwenzahn den Namen *Pu Gong Ying.* In dieser Geschichte zeigt sich die Wirkung des Löwenzahns nach TCM-Gesichtspunkten.

In der TCM gehört der Löwenzahn zur Wandlungsphase Erde mit den Funktionskreisen Milz-Pankreas und Magen. Seine Blütenfarbe ist Gelb und Gelb ist die Farbe der Erde. Der jungen Pflanze wird süßer Geschmack zugeordnet, der auch zur Wandlungsphase Erde gehört. Der älteren Pflanze wird bitterer Geschmack zugeordnet, der kühlend und trocknend ist. Der Löwenzahn gehört als Arzneikraut mit seinen kalten, bittersüßen Eigenschaften zu den „kühlenden und desinfizierenden Arzneien". Die Magenleitbahn, der der Löwenzahn zugeordnet ist, verläuft direkt über die Brustwarzen. Deshalb gilt der Löwenzahn bei allen Brustentzündungen, -knoten und -abszessen als Hauptkraut. Da er auch sehr gut bei Augenentzündungen verwendet werden kann, wird er außer dem Funktionskreis Magen auch dem Funktionskreis Leber zugeordnet. Der Löwenzahn hat zusätzlich eine leichte Wirkung auf den Blasen-Funktionskreis, da er in der Lage ist, entzündliche Erkrankungen der Harnwege zu lindern. Die frische Löwenzahnpflanze kann zerstoßen, zu einer Paste verarbeitet und äußerlich auf Entzündungen und Abszesse aufgetragen werden.

Der widerstandsfähige Löwenzahn wächst sogar in Steinfugen. Foto: Stephanie Reineke

Löwenzahnblätter im Sommer.
Foto: Stephanie Reineke

Löwenzahnwurzel.
Foto: Diana Tiebes

Eine wirksame Rezeptur bei wunden Stellen, Hautgeschwüren und -läsionen ist die Kombination aus *Löwenzahnkraut (Pu Gong Ying)*, *Veilchenkraut (Zhi Hua Di Ding)*, *Chrysanthemenblüten (Ju Hua)* und *Geißblattblüten (Jin Yin Hua)*. Foto: Stephanie Reineke

Um die Essbarkeit der zarten jungen Triebe des Löwenzahns wusste man schon in der Tang-Dynastie. Li Shizhen, der als Vater der TCM gilt, hat den Löwenzahn eher als Gemüse mit arzneilichen Eigenschaften gesehen. In einer Aufzeichnung des Arztes Wang Shixiong steht: „Das zarte junge Kraut kann man als Gemüse essen, das ältere Kraut verwendet man als hervorragendes Arzneimittel."

Moderne pharmakologische Erkenntnisse

Die moderne pharmakologische Forschung in China hat nachgewiesen, dass der Löwenzahn antiikterisch (gegen Gelbsucht) wirkt, den Gallenfluss fördert und somit die Leber entlastet. Laut klinischen und wissenschaftlichen Studien ist er wirkungsvoll bei akuter Tonsillitis (Mandelentzündung), bei Halsschmerzen, Gelbsucht, Verbrennungen, verschwommenem Sehen und Ohrspeicheldrüsenentzündung.

Nebenwirkungen

Nennenswerte Kontraindikationen des Löwenzahns gibt es nicht. Dass er als Gemüse verzehrt und vom Pferd auch in größeren Mengen ohne Probleme auf der Weide aufgenommen werden kann, spricht für seine gute Verträglichkeit. Allerdings sollte der Löwenzahn wegen seines hohen Gehalts an Inulin nur in geringen Mengen an Hufrehe-gefährdete Pferde verfüttert werden, da große Mengen einen Hufreheschub auslösen könnten. Auch bei Kälte-Schwäche im Magen (blasse Zunge, breiige Äppel und Kotwasser) sollte man vorsichtig dosieren. Beim Menschen kann ein übermäßiger Verzehr Diarrhö auslösen.

Der Löwenzahn in der Übersicht

Pu Gong Ying – 蒲公英

Stammpflanze:	Taraxacum mongolicum
Deutscher Name:	Mongolisches Löwenzahnkraut
Familie:	Asteraceae (Korbblütler)

Arzneigruppe:	kühlende und desinfizierende Arzneien
Temperaturverhalten:	kalt
Geschmacksrichtung:	bitter-süß
Funktionskreisbezug:	Magen, Leber, Blase
Wirkrichtung:	tief
Wirkort:	oberer Erwärmer

Chinesisch-therapeutische Wirkung:
- kühlt Hitze
- entgiftet und desinfiziert
- löst Schwellungen auf
- leitet Feuchte-Hitze aus

Klinische Anwendung:
- Euterentzündungen und Abszesse
- Brustknoten
- Hautentzündungen, Verbrennungen
- Augen-, Rachen-, Ohrspeicheldrüsenentzündungen
- Leberproblematiken, Hepatitis

Pharmakologische Wirkung:
- antibiotisch, antimikrobiell, diuretisch

Verabreichungsformen: innerlich als Kräuterabkochung (Dekokt) oder Granulat. Die frische, zerstoßene Pflanze äußerlich als Umschlag.

Vorsicht bei der Verabreichung in großen Mengen an hufrehegefährdete Pferde!

Stephanie Reineke ist zertifizierte Pferdephysiotherapeutin, zertifizierte Hundeosteotherapeutin und zertifizierte TCM-Veterinärakupunkteurin mit eigener Praxis in Warburg/NRW. Sie ist über die Akupunktur zur chinesischen Kräuterheilkunde gelangt. Ihr Praxisschwerpunkt liegt auf der klassischen Traditionellen Chinesischen Veterinärmedizin (TCVM), der chinesischen Phytotherapie und der Osteopathie in Verbindung mit Problemen im peripheren Nervensystem. Seit 2019 bildet sie an ihrem „Ausbildungszentrum für TCVM und Akupunktur" Veterinärakupunkteure aus. Sie ist Autorin der Bücher „TCM-Diagnostik in der Veterinärmedizin" und „TCM-Phytotherapie in der Veterinärmedizin". Auf ihrem YouTube-Kanal gibt es einige Videos mit Erklärungen zur TCM-Diagnose und zu den verschiedenen Akupressurpunkten.
www.pferdephysio-sr.de

Quellenangabe

Hempen, Leitfaden chinesische Phytotherapie
Chen/Chen, Chinesische Pharmakologie
Kalg, Chinesische Arzneipflanzen – Wesensmerkmale und klinische Anwendungen
Reineke, TCM-Phytotherapie in der Veterinärmedizin

STEPHANIE REINEKE –
KOMPETENZ IN DER TCM-VETERINÄRMEDIZIN

Stephanie Reineke

TCM-Phytotherapie
in der Veterinärmedizin

Erkrankungen bei Hund und Pferd vorbeugen und behandeln mit chinesischen Arzneirezepturen

中药

TCM-Diagnostik für Hund und Pferd
Sichere Diagnostik und erfolgreiche Therapie für Pferd und Hund

In ihrem Buch erklärt Ausbilderin und Therapeutin Stephanie Reineke leicht verständlich die wichtigsten Grundlagen und Zusammenhänge der TCM: die Puls- und Zungendiagnostik, die Diagnose nach den Zang-Fu, den Leitbahnen, und wie schlussendlich ein fertiges Behandlungskonzept entsteht. Mit diesem Grundlagenwerk sind Anfänger und Lernende in der TCVM hervorragend beraten. Interessierte Pferde- und Hundehalter finden in dem Ratgeber wertvolle Informationen über Ursachen einer Erkrankung und ihre diagnostische Anamnese. Ein Buch für Therapeuten und interessierte Laien!

Stephanie Reineke
TCM-Diagnostik in der Veterinärmedizin
Format 17 cm x 24 cm, gebunden, 343 Seiten
€ 69,- (D)

TCM-Phytotherapie in der Veterinärmedizin
Das Standardwerk der TCM-Rezepturen für und Pferde und Hunde

Die Phytotherapie ist der wichtigste Bestandteil der chinesischen Medizin. Auch in der Tiermedizin gewinnt die Therapie mit chinesischen Arzneikräutern zunehmend an Bedeutung.

Stephanie Reineke hat hier ein Standardwerk geschaffen, das in keiner tiermedizinischen Praxis fehlen darf. Das Buch ist nicht nur Nachschlagewerk, sondern auch das Lehrbuch der chinesischen Phytotherapie schlechthin.

Stephanie Reineke
TCM-Phytotherapie in der Veterinärmedizin
Format 17 cm x 24 cm, gebunden, 432 Seiten
€ 99,- (D)

Harrys Welt

Ein klarer Kopf kann Leben retten

Mit meinen 33 Lenzen habe ich so manche Krankheit überstanden. Einige waren schwer, andere unproblematisch. Am schlimmsten war die angerissene Sehne meiner Vorhand. Da fragte doch der Tierarzt tatsächlich meinen Menschen, ob ich ein Reitpferd oder Familienmitglied sei. Ich habe den Sinn der Frage im ersten Moment gar nicht verstanden – ich bin doch beides. Mein Mensch sagte sofort: „Familienmitglied!" Da wurde mir erst klar, dass ich gerade einem Todesurteil entgangen war. Mir gefror im Nachhinein das Blut in den Adern.

Die Behandlung wurde sehr teuer – aber das bin ich meinem Menschen wert!

Zum Glück hatte ich sonst immer eine nette Tierärztin, mit deren Isis ich gerne ausgeritten bin und die mich sehr mochte. Sie kam auch sofort, wenn es mir schlecht ging, pflegte meine Zähne, legte mir einen professionellen Verband an, wenn ich mal ein Hufgeschwür hatte, kümmerte sich um meine Entwurmung und versorgte so manche Wunde, die ich mir beim Raufen mit meinen Kameraden zugezogen hatte.

Auch bekam ich früher fast jeden November oder Dezember eine Kolik, die meistens glimpflich verlief. Allerdings keine mehr, seitdem ich wegen meiner platten Zähne Heuhäcksel bekomme. Die Heulage, die uns morgens gegeben wurde, war oft etwas schimmelig. Abends, wenn unsere Menschen in den Stall kamen, wurden wir mit gutem Heu gefüttert. Morgens sah es ja keiner – üble Sitten!

Wenn ich aber mal richtig krank wurde, zum Beispiel eine schwere Kolik oder eine Schlundverstopfung hatte, konnte ich meinen Menschen vergessen. Der konnte dann nicht einmal einen klaren Gedanken fassen, war nervös und stand der netten Tierärztin eher im Weg, als behilflich zu sein.

Ich weiß ja, dass er mich liebt, aber wir Pferde brauchen besonders in Notsituationen einen klar denkenden Menschen, der uns das auch spüren lässt. Mein Mensch weiß genug über Erste Hilfe in Notsituationen, aber wenn es ernst wird, kann er es nicht anwenden. Das geht so nicht! Der Equidenpass hat stets an derselben Stelle zu liegen und darf nicht erst gesucht werden, wenn wir mal in die Klinik müssen. Und die Stallapotheke – die sollte von Zeit zu Zeit kontrolliert werden. Das Verbandmaterial sollte nicht Jahre alt sein und schon schimmeln, die Desinfektionssalbe nicht abgelaufen oder verdreckt sein und das Fieberthermometer sollte funktionieren.

Das Wichtigste jedoch: Ruhig bleiben und systematisch vorgehen. Wir Pferde haben in solchen Situationen genug Angst, wir brauchen nicht noch eure Angst. Wir müssen euch auch in extremen Situationen vertrauen können.

In diesem Sinn, liebe Freunde, immer schön locker bleiben und einen kühlen Kopf bewahren. Dann klappt es auch in kritischen Situationen.

Euer Harry

Wer Fragen, Anliegen oder Wünsche hat, kann mir unter harry@naturalhorse.de eine Mail schreiben.

Kolumne

Sie möchten ein Abo ohne weitere Verpflichtungen?
Dann abonnieren Sie Natural Horse jetzt!

- Lieferung frei Haus
- Jederzeit mit einer Frist von 1 Monat kündbar
- Nur 59 Euro im Jahr (für 6 Ausgaben) in Deutschland, 74 Euro in Europa
- Sie verpassen keine Ausgabe
- Sie erhalten Ihr Heft früher als im Handel erhältlich

Sie möchten Natural Horse als epaper lesen?
www.naturalhorse.de
Digital-Abo

Sie möchten Natural Horse verschenken?
www.naturalhorse.de
Geschenk-Abo

Ich möchte Natural Horse im Abo

Bitte einsenden an Natural Horse Leserservice | PressUp GmbH |
Postfach 70 13 11 | D-22013 Hamburg | abo@naturalhorse.de

☐ Ich möchte Natural Horse im Abo zum jährlichen Preis (6 Ausgaben) von 59 Euro innerhalb Deutschlands. Europa 74 Euro.

☐ Ab aktueller Ausgabe
☐ Ab nächster Ausgabe
☐ Ich möchte auch gerne den Newsletter erhalten (4 Ausgaben pro Jahr). Ich bin damit einverstanden, dass die Crystal Verlag GmbH mich per Telefon oder E-Mail über interessante Angebote informiert. Ich ermächtige die Crystal Verlag GmbH, wiederkehrende Zahlungen aus diesem Abonnement von meinem Konto mittels Lastschrift einzuziehen.

Name/Vorname

Straße	Nr.

PLZ	Ort

Tel./Mail

IBAN

BIC/Bank

SEPA-Lastschriftmandat
Ich ermächtige die Crystal Verlag GmbH, Gläubiger-Identifikationsnummer DE52ZZZ00001410577, Zahlungen von meinem Konto mittels Lastschrift einzuziehen. Zugleich weise ich mein Kreditinstitut an, die von der Crystal Verlag GmbH auf mein Konto gezogenen Lastschriften einzulösen. Ich kann innerhalb von 8 Wochen, beginnend mit dem Belastungsdatum, die Erstattung des belasteten Betrages verlangen. Es gelten dabei die mit meinem Kreditinstitut vereinbarten Bedingungen. Die Mandatsreferenz wird separat mitgeteilt.

Widerrufsrecht
Die Bestellung kann innerhalb von 2 Wochen ohne Begründung widerrufen werden. Es genügt eine Mitteilung an den Natural Horse Leserservice und an die Crystal Verlag GmbH. Zur Fristwahrung gilt die rechtzeitige Absendung.

Datum/Unterschrift

Impressum

Natural Horse
Über den achtsamen Umgang mit Pferden
Friedrichsruher Weg 33
D-21465 Wentorf bei Hamburg
info@naturalhorse.de

erscheint in der Crystal Verlag GmbH
Friedrichsruher Weg 33
D-21465 Wentorf
Tel.: +49 (0)40 710 015 68
info@crystal-verlag.com

Herausgeber
Martina Kiss

Chefredaktion
Linda Held

Autoren dieser Ausgabe
Susan Bär, Nikola Fersing, Kirsten Fleiser,
Dr. Christine Fuchs, Karen Golz, Lisa Kittler, Harry Piaffe,
Stephanie Reineke, Sarah Rob, Anke Rüsbüldt,
Dr. Birgit van Damsen

Layout und Grafik
Eva Lakas Dipl. Des. (FH) | Berlin

Covermodel
Unico, Hispanoaraber

Coverfoto
Christiane Slawik, www.slawik.com

Pressevertrieb
PressUp GmbH, 22013 Hamburg

Abonnements
Natural Horse Leserservice
PressUp GmbH
Postfach 70 13 11
22013 Hamburg
Tel.: +49 (0)40 38 6666-317
Fax: +49 (0)40 38 6666-299
abo@naturalhorse.de

Einzelhefte
Crystal Verlag GmbH
Friedrichsruher Weg 33
D-21465 Wentorf
info@naturalhorse.de

Medienberatung
Crystal Verlag GmbH
Friedrichsruher Weg 33
D-21465 Wentorf
media@crystal-verlag.com

Druck
Grafisches Centrum Cuno, Calbe

Abdruck oder Speicherung in elektronischen Medien nur nach schriftlicher Genehmigung durch den Verlag.

 Natural Horse
 natural_horse_pferdemagazin
 Natural Horse

www.naturalhorse.de